Josef Schöchl

Zu Tisch

Die kulinarische Welt historischer Persönlichkeiten

Josef Schöchl

Zu Tisch

Die kulinarische Welt historischer Persönlichkeiten

VERLAG ANTON PUSTET

Impressum

Bibliografische Information der Deutschen Nationalbibliothek
Die Deutsche Nationalbibliothek verzeichnet diese Publikation
in der Deutschen Nationalbibliografie; detaillierte bibliografische
Daten sind im Internet über http://dnb.d-nb.de abrufbar.

© 2015 Verlag Anton Pustet
5020 Salzburg, Bergstraße 12
Sämtliche Rechte vorbehalten.

Grafik, Satz und Produktion: Tanja Kühnel
Lektorat: Martina Schneider
Druck: Druckerei Theiss, St. Stefan im Lavanttal
Gedruckt in Österreich

1 2 3 4 5 / 19 18 17 16 15

ISBN 978-3-7025-0795-4

www.pustet.at

Inhaltsverzeichnis

Konrad Adenauer

Deutscher Kanzler (1876–1967)

Der erste Kanzler der Bundesrepublik mochte Himmel und Erde

Konrad Adenauer war der erste Kanzler und der erste Außenminister der Bundesrepublik Deutschland und zuvor jahrzehntelang Oberbürgermeister von Köln gewesen. Die Bundesrepublik wurde während Adenauers Regierungszeit ein Gründungsmitglied der Europäischen Wirtschaftsgemeinschaft (EWG), aus der die heutige Europäische Union hervorging. Sein langes politisches Wirken bis ins hohe Alter – er trat erst mit 87 Jahren als Bundeskanzler zurück – ist legendär. Als er einmal gefragt wurde, wann er gedenke, in Pension zu gehen, antwortete er: „Ich war schon!"

Adenauer aß gerne „Himmel und Erde", ein traditionelles rheinisches Gericht aus gestampften Kartoffeln und frischen Äpfeln, die gewürfelt gekocht werden. Der „Himmel" steht für die Äpfel an den Bäumen und die „Erde" für die Äpfel in der Erde. Häufig wird dazu eine gebratene Blutwurst oder eine Bratwurst serviert. Zu seinen Leibspeisen gehörten auch der Pichelsteiner Eintopf, Reibekuchen (Kartoffelrösti) und Hühnchen.

Am Beginn seiner politischen Tätigkeit stand der Kampf gegen die Mangelernährung im Vordergrund. Während des Ersten Weltkrieges war Konrad Adenauer Mitglied der Stadtregierung in Köln und als solches zuständig für die Lebensmittelversorgung. Er versuchte der Lebensmittelknappheit mit der Entwicklung neuer Produkte entgegenzuwirken.

Er erfand zusammen mit der Kölner Bäckerinnung ein Brot auf Maismehl-Basis, das stark sättigt und aus damals verfügbaren Rohstoffen hergestellt wird. Er bekam im Mai 1915 vom Kaiserlichen Patentamt das Patent auf das von ihm entwickelte „Verfahren zur Herstellung eines dem rheinischen Roggenschwarzbrot ähnelnden Schrotbrotes". Das Rezept des Adenauer-Brotes wurde später auch als „Kölner Brot", „Notzeit-" oder „Kriegsbrot" bekannt.

Aus der Not des Ersten Weltkrieges heraus erfand Adenauer auch die sogenannte „Kölner Wurst". Sie enthielt kein Fleisch, sondern wurde aus Sojamehl hergestellt. Die Wurst soll nahrhaft, aber eher geschmacklos gewesen sein. Damit war er dem vegetarischen Ernährungstrend ein Jahrhundert voraus.

Reibekuchen (Kartoffelrösti)

1 kg Kartoffeln
eine gute Prise Salz
2 Eier
20 bis 30 g Mehl
Fett zum Backen

Die Kartoffeln schälen und in eine Schüssel mit Wasser reiben, damit sie nicht anlaufen. Dann ausdrücken. Das Wasser vorsichtig abgießen und die Stärke, die sich am Boden abgesetzt hat, zu den Kartoffeln geben. Eier, Salz und Mehl unterrühren. Fett in einer Pfanne erhitzen und kleine Rösti auf beiden Seiten knusprig backen. Man serviert diese traditionell mit Apfelmus oder Preiselbeermarmelade.

Lorenz Adlon

Deutscher Gastronom und Hotelier (1849–1921)

Die Welt traf sich in seinem Speisesaal

„Geht doch ins Adlon, da ist es gemütlicher als bei mir im Schloss", empfahl der deutsche Kaiser Wilhelm II. seinen hohen Gästen. Er war es auch, der den Bau des Luxushotels durch Lorenz Adlon in Berlin gefördert und es im Jahr 1907 eröffnet hatte. Das Hotel Adlon war der Mittelpunkt des gesellschaftlichen Lebens in Berlin. Dort trafen sich gekrönte Häupter, Staatsmänner, weltbekannte Künstler, Großunternehmer und der Hochadel. Sie genossen alle die für die damalige Zeit einzigartige technische Ausstattung, die Elektrizität und das warme Wasser aus der Leitung in den Gästezimmern.

Lorenz Adlon, der aus Mainz stammte und eigentlich Tischler war, kam nach Berlin, kaufte das bekannte Restaurant „Hiller" Unter den Linden und machte sich durch beste französische Küche einen Namen. Dann eröffnete er unter seinem Namen ein neues Hotel, in dem er den illustren Gästen wieder höchste Qualität in Küche und Keller bot.

Seine kreativen Köche schufen eine ganze Reihe an neuen Gerichten, die auch heute noch mit dem Namen Adlon verbunden sind. Etwa die „Seezunge Adlon" oder das „Kalbssteak Adlon", das als Besonderheit mit gebratenen Kalbsnierenscheiben und einem Rührei bedeckt wird.

Der große Speisesaal im Adlon war nicht nur die beste Adresse für ein exklusives Mahl, sondern dort wurden auch rauschende Feste und Galadiners gefeiert. Eines der letzten großen Festbankette in Berlin vor Ausbruch des Ersten Weltkrieges ließ Kaiser Wilhelm II. bei der Hochzeit seiner Tochter Viktoria Luise hier ausrichten. Zu diesem Anlass kamen der britische König und der russische Zar ins Adlon.

Auch der große Koch Auguste Escoffier gab dort ein Gastspiel. Besonders soll Wilhelm II. dabei die Bouillabaisse geschmeckt haben. Ihm verriet Escoffier sogar eines seiner Küchengeheimnisse, nämlich dass er zur Krönung der Suppe einen kleinen Löffel Absinth in den großen Topf gab.

Lorenz Adlon konnte sich bereits bei der Eröffnung des Hauses rühmen, die größte Weinsammlung der Welt mit mehreren hunderttausend Flaschen zu haben.

Von diesem einzigartigen Weinkeller breitete sich bei dessen Plünderung wenige Tage nach Ende des Zweiten Weltkrieges der verheerende Brand aus, der das bis dahin verschont gebliebene alte Adlon in Schutt und Asche legte. 1997 kam es schließlich zur Eröffnung des wieder aufgebauten, neuen Adlon. Das darin auch beheimatete Spitzenrestaurant trägt im Andenken an den Gründer den Namen „Lorenz Adlon".

Franz Antel

Österreichischer Filmregisseur und Produzent (1913–2007)

Tantiemen für Krautfleisch

Unglaubliche 70 Jahre war Franz Antel als Filmregisseur und Produktionsleiter aktiv. Insgesamt drehte oder produzierte er an die 100 Kino- und Fernsehfilme. *Der alte Sünder, Hallo Dienstmann, Kaiserwalzer* oder *Kaisermanöver* gehören auch heute noch zum klassischen Unterhaltungsrepertoire. Besonders populär und erfolgreich war seine vierteilige Serie *Der Bockerer*, in der die Lebensgeschichte eines Wiener Fleischhauers, gespielt von Karl Merkatz, verfilmt wurde.

Neben seiner Besessenheit für den Film hatte Antel noch eine weitere Leidenschaft, das Kochen. Legendär war sein Szegediner Krautfleisch, das sogar Kultstatus erreichte. Franz Antel kochte es bei seinen Partys für die Gäste aus der High Society. Eine Firma für Fertiggerichte brachte es nach seinem Rezept und unter seinem Namen recht erfolgreich als Konserve auf den Markt. „Ich bin sicherlich der einzige Filmregisseur der Welt, der Tantiemen für sein Krautfleischrezept bekommt." Dieser kulinarische Erfolg freute Franz Antel genauso wie die Erfolge seiner Filme. „Ich esse das Krautfleisch aus der Dose ja auch selbst und mein Rezept ist nur einmal ein bisschen verändert worden, weil ich es für den durchschnittlichen Geschmack zu scharf mag."

„Gutes Kochen fängt mit dem richtigen Einkauf an und der macht mir großen Spaß.", stellte Franz Antel oft fest. Man traf ihn auch immer in den Geschäften und kleinen Märkten nahe seines Wohnortes in Döbling oder am Naschmarkt, wo er extrafein geschnittenes Kraut suchte. Antel besaß aber auch eine große Zahl Kochbücher aus aller Welt, weil „mich interessiert, was man zum Beispiel in Malaysia mit Kalbfleisch macht."

Oft besuchte er auch die gutbürgerlichen Gasthäuser in der Umgebung. Denn trotz seiner Erfolge blieb er ein geselliger und bodenständiger Mensch, der häufig mit Freunden aß und feierte. „Kollegen aus der Filmbranche sagen gern über mich: ‚Seine Filme sind ja nicht so besonders, aber kochen kann er!' Während die Haubenköche, mit denen ich gekocht habe, umgekehrter Ansicht sind. ‚Als Koch taugt der Antel zwar nicht viel, aber seine Filme sind großartig!' Daraus schließe ich, dass beides ganz in Ordnung ist."

Szegediner Krautfleisch

3 Zwiebeln	Kümmel
Pflanzenöl	Salz, Pfeffer
1 TL Paprikapulver	1 TL Mehl
250 ml Wasser	Sauerrahm
125 ml Weißwein	
500 g Schweineschulter	
500 g Sauerkraut	
1 Knoblauchzehe	

Die Zwiebeln in Streifen schneiden und in der Pfanne rösten. Mit Paprikapulver stauben und mit Wasser und Weißwein ablöschen. Fleisch würfelig schneiden, in die Pfanne dazugeben und mit Salz, Pfeffer, Knoblauch und Kümmel würzen. So lange dünsten, bis das Fleisch halbweich ist. Anschließend Sauerkraut einrühren und weitere 20 Minuten dünsten. Mit etwas Mehl binden. Mit Sauerrahm verfeinern. Schmeckt gut zu Salzkartoffeln.

Feigen für die Schweine

Seinen großen Reichtum verwendete der Römer Marcus Gavius Apicius vor allem für extravagante Feste und alle Freuden, die Küche und Keller bieten. Ob Apicius ein versierter Koch war, ist nicht sicher, dass er aber ein Feinschmecker war, lässt sich in seinem Kochbuch nachlesen. *De re coquinaria*, also *Über die Kochkunst*, ist das älteste Kochbuch der römischen Antike. Es enthält in der Mehrzahl eher einfache Gerichte, wie „Huhn mit Kräutern" oder „Bohnensuppe mit Schweinefleisch". Ausgefallene Speisen wie etwa „gefüllte Haselmäuse" sind nur wenige verzeichnet. Auffallend sind die vielen Rezepte für Schweinefleisch, allein 17 für die Zubereitung von Spanferkel. Ob alle Rezepte von Apicius selbst stammen, ist unsicher, eher wird angenommen, dass die Sammlung immer wieder ergänzt und erweitert wurde.

Gewürze werden bei Apicius in frischer und getrockneter Form in großer Vielfalt verwendet. Am häufigsten kommen Pfeffer, Liebstöckel, Kümmel und Koriander zum Einsatz. Aber auch Ingwer, Safran, Kardamom oder Kapern werden häufig und intensiv verwendet. Was bei fast keiner römischen Tafel fehlen durfte und in fast allen Rezepten anstelle von Salz verwendet wurde, war eine Würzsoße, die man als *garum* oder *liquamen* bezeichnete. Zur Bereitung der Soße ließ man kleine Fische und Fischinnereien in der Sonne zusammen mit Salz und Gewürzen mehrere Monate fermentieren. Diese nahezu unbegrenzt haltbare Soße weist geschmackliche Ähnlichkeiten mit Gewürzsoßen auf, die heute in der südostasiatischen Küche Verwendung finden.

Die Feige war bei Apicius eine besonders beliebte Frucht. Er aß sie nicht nur selbst gerne, sondern ließ sie in Erwartung eines feineren Fleisches sowie einer besonders schmackhaften Leber an seine Schweine verfüttern, wie Plinius der Ältere in seiner „Naturgeschichte" berichtet. Auch die Gänse wurden mit Feigen gemästet, um ihre Leber zu vergrößern. Die *foie gras* ist somit keine Erfindung der neueren französischen Küche. Solch exklusive Speisen standen nur einer kleinen Gruppe sehr vermögender Leute zu Verfügung. Die große Mehrheit der römischen Bürger war froh, wenn eine ausreichende Ernährung durch Getreidebrei, Brot, Hülsenfrüchte, Oliven und Wein gesichert war. Die normalen Bürger durften nicht selbst kochen, da offene Feuerstellen in den städtischen Wohnhäusern zu gefährlich waren.

Feigen mit Ziegenkäse und Honig

4 frische Feigen
4 Scheiben Ziegenfrischkäse
etwas Honig
frisch gemahlener Pfeffer

Die Feigen über Kreuz einschneiden und auseinanderbiegen, aber nicht teilen. In eine Auflaufform setzen. In die Mitte je eine Scheibe Ziegenkäse legen, etwas frisch gemahlenen Pfeffer darüberreiben und mit Honig beträufeln. 10 bis 15 Minuten bei etwa 160 °C backen, bis der Käse geschmolzen ist. Lauwarm als Vorspeise servieren.

Augustus

Erster römischer Kaiser (63 v. Chr.–14 n. Chr.)

Schmeicheleien für den Gaumen des Kaisers

„In jenen Tagen erließ Kaiser Augustus den Befehl, alle Bewohner des Reiches in Steuerlisten einzutragen." Mit diesen Worten beginnt das Weihnachtsevangelium nach Lukas und ruft uns so auch den ersten römischen Kaiser in Erinnerung.

Augustus wurde unter dem Namen Gaius Octavius in Rom geboren. Sein Großonkel Julius Caesar hatte selbst keinen Sohn und setzte ihn als Haupterben ein. Nach der Errichtung des Prinzipats, des frühen römischen Kaiserreichs, nahm Gaius Octavius den Titel „Augustus", der Erhabene, an.

Der römische Schriftsteller Sueton hat in seinem bekanntesten Werk *De vita Caesarum*, den Kaiserbiografien, das Leben und Wirken Augustus' beschrieben, wobei er auch dessen tägliche Gewohnheiten aufgezeichnet hat: „An Speise genoss er überaus wenig und meist nur Hausmannskost. Schwarzbrot, Sardellen, mit der Hand gepresster Kuhkäse und frische Feigen von der Art, welche zweimal des Jahres reifen, waren seine Lieblingsgerichte." Augustus hatte auch die Angewohnheit, Zwischenmahlzeiten einzunehmen, sobald er Appetit hatte. Dazu zitiert Sueton aus Briefen

des Augustus: „Wir haben im Wagen etwas Brot und Datteln genossen" oder „ich habe in meiner Sänfte eine Unze Brot nebst einigen harthäutigen Weinbeeren gegessen."

Weiter berichtet Sueton, dass Augustus dem Wein nur sehr mäßig zugesprochen hat. Meist nahm er nur kaltes Wasser zu sich oder löschte den Durst mit einem Stück Wassermelone. Wenn er Wein trank, bevorzugte er raetischen Wein. Seine Ehefrau Livia trank hingegen „punischen Wein" aus der Gegend von Aquileia und führte darauf ihr langes Leben zurück, das 86 Jahre währte.

Eine besondere Schwäche muss Kaiser Augustus für Spargel gehabt haben, wobei dieses Gemüse im Allgemeinen bei Festmählern von reichen Römern ein wesentlicher Bestandteil war. Sie priesen den Spargel als „Schmeichelei des Gaumens". Er wurde sogar auf Bildern dargestellt wie jenes Spargelbündel, das auf einem Wandgemälde in Pompeji um 10 v. Chr. als Beilage zu Fisch und Meerestieren zu sehen ist. Spargel fand bei Augustus sogar im Sprachgebrauch Eingang. Er soll Aufträge, die sehr rasch zu erledigen waren, mit dem Satz „citius quam asparagi coquantur" bekräftigt haben, also „schneller als der Spargel zum Kochen braucht".

Johann Sebastian Bach

Deutscher Komponist und Orgelvirtuose (1685–1750)

„Ei! wie schmeckt der Coffee süße."

Aus einer bedeutenden Musikerfamilie stammend wurde Johann Sebastian Bach schon in jungen Jahren Organist und Kapellmeister. 1723 erfolgte die Wahl in die überaus angesehene Position des Thomaskantors in Leipzig, was er bis zu seinem Tode blieb. Hier schuf er auch die Johannes- und die Matthäuspassion und zahlreiche Kantaten.

In Leipzig besuchte Johann Sebastian Bach zwei Mal in der Woche das „Zimmermannsche Kaffeehaus" in der Katharinenstraße. In diesem Kaffeehaus fanden regelmäßige Treffen des Collegium musicum statt. Für eines dieser Konzerte hat Bach auch seine „Kaffeekantate" komponiert. Sie ist ein Loblied auf den Kaffeegenuss: „Ei! wie schmeckt der Coffee süße, / Lieblicher als tausend Küsse, / Milder als Muskatenwein. / Coffee, Coffee muß ich haben, / Und wenn jemand mich will laben, / Ach, so schenkt mir Coffee ein!" Ein Vater will in dieser heiteren Kantate seiner Tochter die „Unsitte" des täglichen Kaffeetrinkens abgewöhnen. Die Kantate endet aber versöhnlich.

Johann Sebastian Bach bekam zeitlebens als Besoldung nicht nur Geld, sondern auch Naturalien wie Getreide, Fisch, Bier oder Wein. Gerne nahm er auch Aufträge zur Abnahme neuer oder renovierter Orgeln an.

Eine bemerkenswerte Geschichte erzählt: Gemeinsam mit dem Orgelbauer Gottfried Silbermann begutachtete Bach die Hildebrandt-Orgel in der Stadtkirche St. Wenzel von Naumburg. Sie hatten fünf Tage Quartier im Gasthof „Zum Grünen Schild". Die Bewirtung der Gutachter und ihrer Bedienten kostete die Stadt Naumburg 32 Taler und zwar für Mahlzeiten, Kaffee, Tabak, 28 Kannen weißen und zwei Kannen roten Wein sowie reichlich Merseburger Bier. Der Prüferlohn für Johann Sebastian Bach betrug 22 Taler, etwa ein Fünftel seines normalen Jahresgehaltes in Leipzig.

Wahrscheinlich machte Bach nicht nur wegen der ausbezahlten „Erkenntlichkeit" gerne Orgelabnahmen, sondern auch wegen des abschließenden, opulenten Festbanketts. So bestand die Menüfolge einer Orgelprobe in Halle unter anderem aus „Schinken aus dem Rauch mit Spargel und Rapünzchen", also Feldsalat. Auf „Boeuf à la mode" folgten gekochte Kürbisse, warmer Spargelsalat und Lammbraten mit Spinat. Schließlich gab es „Sprützkuchen", Brandteigringe, mit eingemachten Kirschen. Und natürlich Kaffee.

Brandteigringe

Zutaten	Zubereitung
250 ml Wasser	Das Wasser mit der Butter und dem Salz in einem Topf zum Kochen bringen.
60 g Butter	Das Mehl hinzugeben und so lange rühren, bis sich der Teig vom Boden löst.
1 Prise Salz	In eine Schüssel geben und überkühlen lassen. Nach und nach die Eier ein-
120 g Mehl	rühren. Den Teig in einen Dressiersack mit Sterntülle füllen und Ringe auf ein
3 Eier	mit Backpapier belegtes Blech spritzen. Bei 180 °C goldbraun backen.
250 ml Schlagobers	Nach dem Auskühlen in der Mitte auseinanderschneiden, mit geschlagenem Schlagobers füllen und mit Zucker bestreut servieren.

Madame du Barry

Leidenschaft für König und Karfiol

Sie war eine Bürgerliche, die durch die Heirat mit dem Grafen du Barry Zugang zum französischen Hof bekam. Diese Ehe wurde auf persönlichen Wunsch von König Ludwig XV. geschlossen, der Madame du Barry zu seiner Mätresse machte. Die junge Schönheit folgte damit direkt Madame de Pompadour, die 1764 verstarb. Madame du Barry endete als Opfer der französischen Revolution.

Sie hatte im Gegensatz zu ihrer Vorgängerin kaum politische Ambitionen. Gemeinsam mit Madame de Pompadour hatte sie aber die Freude an der Kochkunst. Es gelang ihr, die Stimmung des depressiven Königs nach dem Tod der Pompadour immer mehr aufzuhellen. Er nahm sogar die Tradition wieder auf, gemeinsam mit seiner Mätresse kleine Abendessen zuzubereiten und zu verspeisen. König Ludwig XV. soll ein großer Kenner der Kulinarik gewesen sein und sich auch intensiv mit ihr beschäftigt haben. Einmal soll er einem Koch, der ihn nicht erkannte, Ratschläge zur Zubereitung eines Gerichts gegeben haben. Dieser würdigte seine Fachkenntnis: „Ich sehe, Monsieur, dass Sie wahrscheinlich ein bekannter Koch sind." Zu den Lieblingsbüchern des Königs zählten Kochbücher, die er sogar teilweise auswendig gekonnt haben soll. Nicht immer gelang ihm aber die praktische Umsetzung. Einmal lud König Ludwig Madame du Barry und andere Gäste zu einem Abendessen ein und versprach einen Eierkuchen zuzubereiten, den sie noch nie zuvor gegessen hatten. Das Omelett misslang völlig, doch der König aß es trotzdem und alle Gäste mussten seinem Vorbild folgen.

Dem König und seiner Mätresse war eine kulinarische Neigung gemeinsam, nämlich die Leidenschaft für Karfiol. Madame du Barry ist es zu verdanken, dass der Karfiol hoffähig wurde und so in der internationalen Küche Einzug hielt. Ihr selbst wird die Erfindung der Karfiolsuppe zugeschrieben. Im Lauf der Zeit wurden noch andere Karfiolkreationen mit ihrem Namen geadelt. So etwa die mit Käsesoße überzogenen und gratinierten Karfiolkugeln, die mit Schlosskartoffeln und einer gebundenen Bratensoße zu kurz gebratenem Fleisch serviert werden.

Der Karfiol war zu Zeiten Madame du Barrys ein sehr exklusives Gemüse, das erst nach ihr große Verbreitung fand. Frankreich ist auch heute noch einer der größten Karfiol-Produzenten. So tragisch Madame du Barry endete, so nachhaltig sind ihre kulinarischen Spuren.

Karfiolsuppe

1 Karfiol
1 Zwiebel
1 EL Butter
1 l Gemüsesuppe
1–2 EL Zucker
Salz, Pfeffer, Muskatnuss
1 Becher Crème fraîche

Zwiebel kleinwürfelig schneiden, in einem Topf in Butter anschwitzen. Den Karfiol putzen und in Röschen teilen. Einige schöne Karfiolröschen zurückbehalten und in etwas Salzwasser bissfest kochen. Die restlichen Karfiolröschen zu den Zwiebeln geben und mit Gemüsesuppe auffüllen. Salz, Pfeffer und Zucker zugeben und weich kochen. Mit dem Mixstab pürieren, mit Crème fraîche binden und mit Muskatnuss abschmecken. Die Suppe mit den gekochten Röschen als Einlage servieren.

60 Kaffeebohnen für den Meister

Das außerordentliche musikalische Talent Ludwig van Beethovens wurde früh erkannt und durch eine solide Ausbildung gefördert. Schon mit acht Jahren gab er sein erstes öffentliches Konzert und entwickelte sich zu einem der größten Komponisten aller Zeiten. Ein Teil des letzten Satzes seiner neunten Symphonie ist in der Instrumentalfassung die Hymne der Europäischen Union und des Europarates.

Über das Alltagsleben Ludwig van Beethovens und seine kulinarischen Gewohnheiten ist einiges bekannt, da er in seinem letzten Lebensjahrzehnt taub war und deswegen für jedes Gespräch ein sogenanntes Konversationsheft benötigte. Der Gesprächspartner schrieb seine Fragen und Bemerkungen in dieses Heft und Beethoven antwortete darauf mündlich. Diese Eintragungen geben einen Einblick auch in die kleinen Dinge des Lebens, wie etwa die Notiz seines Neffen Karl van Beethoven über ein Mittagessen im Oktober 1824: „Brotsuppe. Fleisch mit Sauerampfen. Weiße Rüben mit kleinen Fischen. Karpfen in schwarzer Sauce." Fischspeisen schätzte Ludwig van Beethoven besonders, wie eine Bestellung an einen Händler beweist: „Ich ersuche höflichst um einen Karpfen von 3 auch 4 Pfund oder noch lieber um einen Hechten von wenigstens 3 Pfund."

Auch Brotsuppe mochte er sehr, worüber einer seiner Biografen berichtet: „Eine Brotsuppe, breiartig gekocht, worauf er sich jeden Donnerstag schon zum Voraus freute. Dazu mussten ihm zehn ansehnliche Eier auf einem Teller präsentiert werden, welche er, bevor selbe in das Fluidum hineingerührt wurden, vorerst gegen das Licht prüfend sondierte, eigenhändig köpfte und, der Frische wegen, sorgfältig beschnüffelte." Bevorzugt hat Beethoven auch „Makkaroni mit Parmesan-Käse, die außerordentlich schlecht geraten sein mussten, bis er selbst sie schlecht fand; und dass sie öfter schlecht als gut waren, lässt sich bei der ungewissen Stunde, wenn er servieren lies, annehmen."

Ludwig van Beethoven trank gerne und viel Kaffee. Meist bereitete er diesen selbst zu. Ein weiterer seiner Biografen schreibt, er ging dabei mit größter Akribie vor, um immer die gleiche Stärke seines Mokkas zu erhalten: „60 Bohnen auf eine Tasse, und da das blecherne Maass sich um eine oder zwei Bohnen irren konnte, so zählte er die 60 Bohnen für jede Tasse selbst ab, dies besonders, wenn er Gäste hatte. Dieses Geschäft verrichtete er mit größerer Genauigkeit als jedes andere."

Napoleon Bonaparte

Kaiser der Franzosen (1769–1821)

„Man kann keinen Eierkuchen backen, ohne ein paar Eier zu zerschlagen."

Auf dem Gipfel seiner militärischen Erfolge hatte Napoleon fast alle Staaten Europas unter seine Kontrolle gebracht. Erst in der Völkerschlacht bei Leipzig haben ihn die Truppen der Verbündeten Russland, Preußen, Österreich und Schweden vernichtend geschlagen. Aus der Verbannung nach Elba kehrte er noch einmal für eine „Herrschaft der hundert Tage" zurück, doch die endgültige Niederlage bei Waterloo bedeutete für ihn lebenslanges Exil auf der südatlantischen Insel St. Helena.

Napoleon Bonaparte war kein großer Genießer. Die Staatsgeschäfte waren ihm wichtiger und er verlor ungern viel Zeit bei Tisch.

Der Kaiser aß immer hastig, was ihm auch bewusst war: „Ich esse zu schnell. Es ist nicht recht, eine schlechte Gewohnheit, die ich von meiner Mutter ererbt habe." Er soll zwar keine spezielle Lieblingsspeise gehabt haben, doch er mochte am liebsten einfache Kost wie Linsen, Bohnen, Schinken, Brathuhn und „Schöpsenschlegel", also Hammelbraten. Gerne rundete er seine Mahlzeit mit einem Stück Parmesankäse oder Roquefort ab. Über sein maßvolles Essen wurde nur wenige Jahre nach seinem Tod berichtet:

„Dieser Mäßigkeit hatte er es vorzüglich zu danken, dass er immer heiter und selbst nach aufgehobener Tafel zur Arbeit aufgelegt war."

Napoleon behauptete, dass der französische Soldat der Einzige sei, der mit leerem Magen kämpfen könne, was wahrscheinlich gezwungenermaßen auch öfters der Fall war. Er teilte auf seinen vielen Kriegszügen das Lagerleben seiner Soldaten und wurde auch damit zur Legende. Im Jahr 1800 kam es bei dem piemontesischen Dorf Marengo zu einer Schlacht zwischen französischen und österreichischen Truppen, aus der Napoleon als Sieger hervorging. Nach der Schlacht hatte der Koch nichts außer einem Huhn, Eiern, Tomaten, Zwiebeln, Champignons, Flusskrebsen und ein paar Weißbrotscheiben. Aus diesen Zutaten erfand er ein neues Gericht, dass Napoleon sehr gut geschmeckt haben soll und im Andenken an den siegreichen Kampf „Huhn Marengo" getauft wurde. Nach diesem Ort hat Napoleon auch sein Pferd „Marengo" genannt, das er bei der Schlacht zum ersten Mal geritten hat. Der Hengst begleitete ihn fortan bei allen seinen Feldzügen, wurde acht Mal verwundet und war auch bei der letzten Schlacht in Waterloo dabei. Er fiel in die Hände der Sieger, wurde auf einem englischen Gestüt 38 Jahre alt und überlebte so Napoleon um viele Jahre.

Huhn Marengo

1 ganzes Huhn	Salz, Pfeffer
Butter	3 Zwiebeln
Paprikapulver	1 TL Zucker
300 g Tomaten	Petersilie
250 g Champignons	
250 ml Hühnersuppe	

Das Huhn in 8 Stücke teilen, mit Pfeffer, Salz und Paprika einreiben und in Butter goldbraun anbraten. Mit der Suppe aufgießen und köcheln lassen. Die Zwiebeln schälen, vierteln und mit 1 TL Butter, Zucker und 1 Prise Salz bräunen. Die geschnittenen Tomaten dazugeben und schmoren. Die Champignons anbraten, leicht salzen. Alles zum Huhn in den Topf geben und bei geringer Hitze einige Minuten durchziehen lassen. Mit Petersilie bestreut servieren.

Johannes Brahms
Deutscher Komponist (1833–1897)

Aal und Roter Igel

Johannes Brahms' Talent wurde schon früh erkannt. Er wurde in Hamburg geboren, als Jugendlicher verdiente er sein Taschengeld mit Klavierspielen in den Hafenkneipen und Tanzlokalen. Robert und Clara Schumann, die er auf Kunstreisen kennengelernt hatte, wurden zu seinen großen Förderern, die ihn und seine Werke bekannt machten. 1862 kam er erstmals nach Wien und übersiedelte zehn Jahre später endgültig in die Musikmetropole. Johannes Brahms gilt als einer der bedeutendsten Komponisten der zweiten Hälfte des 19. Jahrhunderts.

Er liebte gutes Essen. Sein Freund und Tarockpartner Johann Strauß Sohn sagte: „Brahms war bei mir auf Besuch und hat mir wieder die Vorratskammer geleert."

Die Liste der von Brahms bevorzugten Speisen und Getränke ist lang und die von ihm konsumierten Mengen sind beachtlich. Er mochte die einfache Küche wie Gulasch, gefüllte Paradeiser oder Knackwürste genauso wie Austern und Kaviar. Ein besonderer Genuss für ihn waren geräucherte Aale. Solche ließ er sich von seinem Berliner Musikverleger Fritz Simrock schicken, da „die Aale hier nämlich gar mager

sind, lange nicht so fett wie die Komponisten!" Danach schrieb er ihm überschwänglich: „Haben Sie schönsten Dank für die vortreffliche Sendung – ich wische mir eben den Mund – ja, wenn ich solche Symphonien machen könnte!"

Auch ist überliefert, dass Brahms sehr gerne starken Eierpunsch trank. Seiner Schwester Elise schickte er ein Rezept: „Macht nur noch einmal Eierpunsch: eine Flasche Rum, 12 Eier, 4 Zitronen, 1½ Pfund Zucker."

Das Lieblingsgasthaus von Johannes Brahms in Wien war der „Rote Igel", in dem er häufig zu Abend aß. Dieses war geradezu seine zweite Wiener Adresse. Es befand sich im 1. Bezirk am Wildpretmarkt 1. Heute erinnert dort nur mehr ein Mosaik an den „Roten Igel". Das Wiener Konservatorium befand sich damals in unmittelbarer Nähe und daher war das Gasthaus ein beliebter Treffpunkt für Musiker. Hier soll Johannes Brahms auch Anton Bruckner begegnet sein, ohne dass sie aber direkten Kontakt suchten. Beide studierten lange die Speisekarte. Erst als Brahms schließlich beim Kellner „Knödel und Geselchtes" bestellte, schaute Bruckner auf und meinte: „Sehen Sie, Herr Kollege, hier finden wir zusammen! Knödel und Geselchtes esse ich auch."

Eierlikör

Zutaten	Zubereitung
500 ml Schlagobers 3 Pkg. Vanillezucker 1 Vanilleschote 350 g Staubzucker 20 Eidotter 700 ml Weinbrand	Schlagobers und Vanillezucker, 200 g Zucker und die Vanilleschote aufkochen und über Nacht kühl stellen. Am nächsten Tag die Eidotter und den restlichen Zucker über Wasserdampf schaumig rühren. Die Obersmasse durch ein Sieb in die Eimasse seihen und nach und nach den Weinbrand zugeben. Den fertigen Likör nochmals durch ein Haarsieb seihen, in Flaschen füllen und kühl und dunkel lagern.

Jean Anthelme Brillat-Savarin

Französischer Richter, Politiker, Schriftsteller und Gastrosoph (1755–1826)

„Sag mir, was du isst – und ich sage dir, wer du bist"

Eigentlich war Jean Anthelme Brillat-Savarin von Beruf Richter. Er musste aber während der Französischen Revolution fliehen, bevor er in seinem Heimatort, nur wenige Kilometer von der Schweizer Grenze entfernt, wieder eingesetzt wurde. Den zweiten Teil seines Familiennamens, Savarin, nahm er nach dem Tod seiner Tante an, die dies zur Bedingung dafür machte, ihm ihr großes Vermögen zu vererben.

Seine Leidenschaft galt der Kochkunst, über die er ein grundlegendes Werk schrieb. Kurz vor seinem Tod veröffentlichte er das heute als Klassiker geltende Werk *La Physiologie du Gout*, also *Die Physiologie des Geschmacks*, an dem er jahrzehntelang gearbeitet hatte. Es ist kein Kochbuch, obwohl auch Rezepte enthalten sind, sondern vielmehr ein Kompendium philosophischen, literarischen und leiblichen Genusses. Viele Anekdoten und Aphorismen sind enthalten, die zeigen, welche Bedeutung Brillat-Savarin der Kochkunst beimaß: „Die Entdeckung eines neuen Gerichts macht die Menschheit glücklicher als die Entdeckung eines neuen

Sterns." Der zweite Titel der deutschen Übersetzung seines Werks, nämlich *Betrachtungen über das höhere Tafelvergnügen*, zeigt genau, worum es Brillat-Savarin ging: „Fresser und Säufer verstehen nichts vom Essen und Trinken."

In seinem Buch spekuliert Brillat-Savarin auch darüber, die kulinarischen Neigungen der Menschen nach deren äußerer Gestalt unterscheiden zu können. So meint er etwa, dass Feinschmeckerei „der Schönheit günstig" sei, da sie die äußeren Zeichen des Alters auf lange Zeit hinausschiebe. Auch Diätvorschläge finden sich darin. Da Zucker und weißes Mehl zu Fettleibigkeit führen würden, schlägt Brillat-Savarin erstmals vor, Kohlehydrate zu sparen und stattdessen eiweißreiche Lebensmittel zu essen.

Einige Speisen tragen zu Ehren dieses großen Gastrosophen seinen Namen. „Savarin", ein in alkoholischer Flüssigkeit getränkter ringförmiger Kuchen, der als Dessert gereicht wird, haben 1844 Pariser Bäcker kreiert. Größten Wert legte Brillat-Savarin darauf, dass als Abschluss eines Menüs auch Käse serviert wird. Daher war es naheliegend, dass ein im Burgund und in der Normandie hergestellter Weichkäse aus Kuhmilch nach ihm benannt wurde.

Savarin

Germteig:
300 g Mehl
100 g Butter
4 Eier
15 g Germ
20 g Zucker
Salz
etwa 125 ml Milch

Sirup:
500 ml Wasser
200 g Zucker
Saft von 2 Orangen
und 2 Zitronen
2 Likörgläser Rum

Einen Germteig zubereiten, in einer befetteten Ringform aufgehen lassen und bei gleichmäßiger Hitze backen. Auf einen Teller oder in eine Schüssel stürzen. Für den Sirup Wasser mit Zucker kochen, dann Orangen- und Zitronensaft dazugeben, nach dem Erkalten erst den Rum beifügen. Den Savarin mit diesem Sirup begießen, bis er gut durchfeuchtet und der Sirup aufgebraucht ist. Mit Schlagobers servieren.

Anton Bruckner

**„Wann i arbeiten soll,
muaß i auch gfuttert werdn!"**

Das oberösterreichische Stift St. Florian war für Anton Bruckner eine wesentliche Station seines Lebens. Er ging dort zur Schule, war Sängerknabe, erhielt Musikunterricht und war später Lehrer und Organist. Auch wenn er dann in der Haupt- und Residenzstadt Wien als Professor des Konservatoriums, als Komponist und vor allem als virtuoser Hoforganist zu höchsten Ehren gelangte, so verfügte er doch, dass seine letzte Ruhestätte in der Stiftskirche St. Florian unterhalb der heute nach ihm benannten Orgel sein solle.

Auch bei seinen kulinarischen Vorlieben blieb er stets seiner oberösterreichischen Heimat treu und bevorzugte die einfache Hausmannskost. Sein erklärtes Lieblingsessen war Geselchtes mit Grießknödeln und Sauerkraut. Das war allgemein bekannt, sodass er bei Besuchen meist damit bewirtet wurde.

Sein enormer Appetit war legendär und er pflegte dazu entschuldigend zu sagen: „Wann i arbeiten soll, muaß i auch gfuttert werdn!"

So soll er sich in seiner Linzer Zeit beim „Schwarzen Bock" zuerst drei Teller Krebsensuppe und zwei Portionen gefüllte Kalbsbrust servieren haben lassen. „Wegen der Fleckerlspeis" ging er in ein anderes Linzer Gasthaus, wieder in einem anderen hatte es ihm das „Beinfleisch" angetan. Zwetschkenpofesen, Erdäpfelnudeln, Zwetschkenknödeln oder Apfelradeln konnte Bruckner als Nachspeis nicht widerstehen. Als Tischgetränk bevorzugte er in der Heimat Most und in Wien das Pilsner Bier.

Von Anton Bruckner ist eine Anekdote überliefert, dass er in seinem Geburtsort Ansfelden mit der Liedertafel für ein Sängerfest probte, dabei aber immer nur grantig und mit nichts zufrieden war. Der genervte Obmann klagte sein Leid der Wirtin, die sofort Abhilfe versprach. Nur kurze Zeit später wandelte sich die Stimmung des Meisters und die Probe konnte erfolgreich und rasch zu Ende gebracht werden. Die dankbaren Sänger fragten die Wirtin nach dem Geheimrezept. Sie antwortete: „Ich hab' nur die Kuchltür aufgmacht. Da hat der Herr Bruckner sein Lieblingsessen, Gselchtes mit Kraut und Grießknödel, gerochen!"

Apfelradel

4 große Äpfel
2 Eier
25 g Zucker
250 g Mehl
250 ml Milch
1 Pkg. Vanillezucker
1 TL Backpulver
1 Prise Salz
Fett zum Herausbacken

Aus allen Zutaten außer den Äpfeln einen Backteig herstellen und quellen lassen. In der Zwischenzeit Äpfel mit einem Kernausstecher entkernen, schälen und in 1 cm dicke Scheiben schneiden. Fett in einer Pfanne heiß werden lassen, die Apfelscheiben in den Backteig tunken und goldgelb herausbacken. Mit Zucker bestreut servieren.

„Es wird mit Recht ein guter Braten gerechnet zu den guten Taten."

Den genialen Sprachkünstler Wilhelm Busch kennt durch „Max und Moritz" auch heute noch jedes Kind. Er ist sicher einer der wichtigsten humoristischen Schriftsteller Deutschlands. Seine Bildergeschichten in Versen gelten als wegweisend für die Entwicklung des Comics. Im heutigen Niedersachsen geboren, studierte er mehr oder weniger erfolgreich an den Kunstakademien in Düsseldorf, Antwerpen und München.

In seinen Werken findet sich eine große Zahl von Reimen, die Essen und Trinken zum Inhalt haben. Besonders gern aß Wilhelm Busch Pfannkuchen, also Palatschinken. So findet sich ein Loblied darauf im Gedicht „Pfannkuchen und Salat": „Von Fruchtomletts da mag berichten / Ein Dichter aus den höhern Schichten. / Wir aber, ohne Neid nach oben, / Mit bürgerlicher Zunge loben / Uns Pfannekuchen und Salat."

Sogar ein Rezept für Pfannkuchen beschrieb Wilhelm Busch im zweiten Teil seiner „Knopp Trilogie" mit dem Titel *Herr und Frau Knopp*, der Ehegeschichte von Tobias Knopp und seiner Frau Doris.

„Zum Beispiel könnt er lange suchen / nach solchem guten Pfannekuchen. / Hierin ist Doris ohne Fehl. / Stets nimmt sie einen Löffel Mehl, / die nöt'ge Milch, dazu drei Eier./ ja vier sogar, wenn sie nicht teuer, / Quirlt dies sodann und backt es braun / Mit Sorgfalt und mit Selbstvertraun. / Und jedesmal spricht Knopp vergnüglich: / ‚Der Pfannekuchen ist vorzüglich!' "

Aber auch von einem Gänsebraten schwärmte er: „Ein jeder, der Verstand hat, spricht: / Einen schön'ren Vogel gibt es nicht." Das Geflügel scheint es Wilhelm Busch überhaupt angetan zu haben: „Junge Hähnchen, sanft gebraten, / Dazu kann man dringend raten."

Sogar dem Sauerkraut setzte Wilhelm Busch in *Max und Moritz* ein Denkmal: „Eben geht mit einem Teller / Witwe Bolte in den Keller, / daß sie von dem Sauerkohle / eine Portion sich hole, / Wofür sie besonders schwärmt, / Wenn er wieder aufgewärmt."

„Rotwein ist für alte Knaben / Eine von den besten Gaben." Wilhelm Busch sprach gerne dem Alkohol zu und war ein so starker Raucher, dass er mehrere Nikotinvergiftungen gehabt haben soll: „So geht es mit Tabak und Rum: / Erst bist du froh, dann fällst du um."

Maria Callas

Italienische Operndiva (1923–1977)

„Die Göttliche" war verliebt in gute Küche

Sie war eine der begnadetsten und bedeutendsten Opernsängerinnen des 20. Jahrhunderts. Ihr einzigartiger Sopran verzauberte das Publikum auf der ganzen Welt und ihr Privatleben und die Auftritte in der High Society füllten viele Jahre die Klatschkolumnen der Illustrierten.

Bis 1953 war Maria Callas recht füllig, um aber die Violetta in Verdis „La Traviata" spielen zu können, begann sie mit einer erbarmungslos strengen Diät und verlor 40 Kilogramm. Um dieses Ziel zu erreichen, dürfte sie sogar Hormone eingenommen haben, die ihren Stoffwechsel beschleunigten. Mit äußerster Konsequenz hielt sie sich außerdem an ihre selbst auferlegten Speiseregeln und gewährte sich praktisch nie Ausnahmen, um das erreichte Gewicht auch zu halten. „Sie nahm nur gegrilltes Fleisch zu sich und rohes Gemüse ohne Zutaten, weder Öl noch Salz, wie eine Ziege. Niemals trank sie Alkohol", beschrieb ihr damaliger Ehemann Giovanni Battista Meneghini. Es dürfte wohl der Ausgleich für ihre an sich große Leidenschaft für das Essen gewesen sein, dass sie wie besessen Kochbücher und Rezepte sammelte und für ihre Freunde regelmäßig opulent kochte. Dabei ließ sich auch gerne in ihrer modernen Küche fotografieren.

Maria Callas notierte die Rezepte selbst auf kleinen Zetteln oder ließ sie aufschreiben, riss sie aus Illustrierten und Zeitungen heraus und sammelte sie in den Restaurants der besten Köche. Dabei hatte es ihr ein Risotto mit Kräutern und in anderen Variationen besonders angetan. Diese Rezepte kochte sie für ihre Gäste nach und bewirtete sie vorzüglich. „Sie stand leidenschaftlich gern am Herd und liebte es, mit Pfannen und Töpfen zu hantieren. Sie kaufte den merkwürdigsten Plunder: Messer aller Art, Bestecke, Töpfe, Kochlöffel, Quirle in jeder Form. Sie verbrachte ganze Tage mit kulinarischen Experimenten, vor allem mit der Zubereitung von Süßspeisen." Sie war aber von ihrer Diät so besessen, dass sie nach Stunden in der Küche vom zubereiteten Gericht nicht einmal probierte. Meist stahl sie nur kleine Happen von den Tellern der anderen.

Vor einigen Jahren wurde ein Koffer entdeckt, in dem sich viele ihrer Kochbücher und auch handgeschriebene Rezepte fanden, die inzwischen in Buchform veröffentlicht wurden.

Risotto mit Kräutern

1 l Gemüsesuppe
250 g Risottoreis
1 große Zwiebel
100 ml Weißwein
50 g geriebener Parmesan
Gartenkräuter nach Geschmack
etwas Olivenöl
2 EL Butter
Salz, Pfeffer

Zwiebel kleinwürfelig schneiden und in Olivenöl anschwitzen. Den Reis dazugeben und kurz mitdünsten. Mit Weißwein ablöschen und einkochen lassen. Nach und nach mit Gemüsesuppe aufgießen, bis diese aufgebraucht ist und der Reis eine cremige Konsistenz erreicht hat. Die fein gehackten Kräuter, den Parmesan und die Butter unterheben und mit Salz und Pfeffer abschmecken.

Nach Neapel nur wegen der Spaghetti

Der aus Neapel stammende Tenor ist auch heute noch eine Legende und sein Name wird oft mit dem Inbegriff eines Sängers gleichgesetzt. Er trat in fast allen namhaften Opernhäusern der Welt auf, doch feierte er seine größten Erfolge auf der Bühne der Metropolitan Opera in New York, auf der er 863 Mal stand. Nur in seiner Heimatstadt Neapel versagte man ihm am Beginn seiner Karriere ausreichende Anerkennung. Er schwor sich daraufhin, nie wieder in Neapel zu singen, sondern nur noch zurückkommen, „um Spaghetti zu essen". Diesen Schwur hielt er zeitlebens.

Enrico Caruso liebte Spaghetti und Makkaroni. Es hielt sich das Gerücht, dass er davon mittags oder auch vor seinen Auftritten gerne fünf Teller verzehrte. In ihren Memoiren stellte aber Carusos Frau klar, dass er zwar als Neapolitaner am liebsten Nudelgerichte aß, aber mit Maß und Ziel und den Magen nie überlud. Seine liebste Pasta-Variation mit Tomaten, Champignons, Zwiebeln und Knoblauch ist sogar nach ihm „Spaghetti alla Caruso" benannt.

Noch ein anderes Nudelgericht trägt seinen Namen, „Bucatini alla Caruso". Das sind besonders auf Sizilien beliebte röhrenförmige Nudeln mit einem Durchmesser von etwa drei Millimetern mit in Scheiben geschnittenen Zucchini.

Sein liebstes Gemüse war Fenchel, den er sowohl roh, gedünstet oder gebacken oft genoss. Enrico Caruso blieb auch fern seiner Heimat der italienischen Küche treu. Scaloppine, kleine, dünn aufgeschnittene Kalbsschnitzel gehörten ebenso dazu, zumal man diese in vielen Abwandlungen herstellen kann. Etwa als „Scaloppina al Limone" mit Zitronensoße, „Parmigiana" mit Schinken und Käse, „Pizzaiola" mit Kapern, Oliven und Sardellen, „Crema e Funghi" mit frischen Champignons in cremiger Soße oder die sehr würzigen „Scaloppina alla Gorgonzola". Vor seinen Auftritten aß Caruso oft nur eine Gemüsesuppe, etwas Hühnerfleisch und grünen Salat. Zu jeder Mahlzeit nahm er nach italienischer Sitte auch Weißbrot.

Enrico Caruso trank kein Bier und auch keine harten Getränke, sondern vor allem Mineralwasser. Wenn er einmal zu einem Cocktail griff, dann zu einem „Alexander", der aus einem Drittel Gin, Kakaolikör und Schlagobers besteht und mit Eisstückchen serviert wird.

Bucatini alla Caruso

230 g Bucatini	8 Tomaten
250 g Zucchini	Tomatenmark
3 EL Mehl	Oregano
Öl zum Frittieren	Basilikum
2 Schalotten	Salz, Pfeffer
Knoblauch	Parmesan
3 EL Olivenöl	

Die Zucchini in Scheiben schneiden, in Mehl wenden, im heißen Sonnenblumenöl frittieren und auf Küchenpapier abtropfen lassen. Währenddessen die Bucatini in Salzwasser bissfest kochen. Für die Soße Knoblauch und Schalotten klein hacken und in Olivenöl anschwitzen. Tomaten würfeln und mit Tomatenmark, Oregano, Basilikum, Salz und Pfeffer abschmecken und fünf Minuten köcheln lassen. Bucatini mit reichlich Soße anrichten, Zucchini darüberlegen und nach Belieben mit frisch geriebenem Parmesan garnieren.

Winston Churchill

Britischer Premierminister (1874–1965)

**„Ohne die Küche meiner Frau
wäre ich nicht so alt geworden."**

Er führte als Premierminister Großbritannien durch den Zweiten Weltkrieg und gilt als wichtigster britischer Staatsmann des vergangenen Jahrhunderts. Als Autor des monumentalen Werks „Der Zweite Weltkrieg" erhielt er den Nobelpreis für Literatur.

Winston Churchill war ein Vielesser, wobei er zu Hause einfache Gerichte bevorzugte und exotische Speisen ablehnte. Zum Frühstück nahm er Kaffee, Toast mit Marmelade, Schinken mit Ei und gerne etwas Rindfleisch oder Huhn. Zum Lunch bevorzugte er Meeresfrüchte, aber auch Geflügel und Wild. Vor der Nachtruhe nahm er unabhängig vom Umfang des Abendessens noch eine Tasse Rindsuppe zu sich. Churchill war überzeugt, dass sich gutes Essen positiv auf das Wohlbefinden auswirkt: „Man soll dem Leib etwas Gutes bieten, damit die Seele Lust hat, darin zu wohnen."

Noch mit 88 Jahren ließ sich Sir Winston Churchill im Londoner Hotel Savoy ein ausgiebiges Mittagessen servieren, dessen Zusammenstellung aus noch vorhandenen Abrechnungen hervorgeht. Er fing mit den von ihm besonders geschätzten Austern an. Auf eine Cremesuppe aus grünen Erbsen folgten Heil-

buttfilet mit Rahmsauce und Filet Wellington mit Karotten und Kartoffeln. Als Dessert gab es Crème brûlée und schließlich noch ein Stück Stilton, einen englischen Blauschimmelkäse. Nach dem Kaffee beendete er sein Mahl mit der unvermeidlichen Zigarre.

Churchill war im Burenkrieg als Offizier in Südafrika. Dort dürfte auch seine Leidenschaft für Whisky begonnen haben. Er berichtete selbst, dass das Wasser nicht trinkbar war. „Um es trinkbar zu machen, musste man Whisky dazu tun." Dieser Vorliebe blieb er sein ganzes langes Leben treu. Sein Hausmeister gab an, dass er ihm nach dem Frühstück das erste Glas Whisky-Soda bereitete. Churchill trank sehr langsam und der Whisky war stark mit Sodawasser und Eiswürfel verdünnt. Er selbst bezeichnete diese schwache Mischung als „Mundwasser".

Auch für Champagner hatte Winston Churchill eine Schwäche, die er begründete: „Bei einem Sieg verdient man ihn, bei einer Niederlage braucht man ihn." Sein Lieblingschampagner war von Pol Roger. Deshalb versah dieses Champagnerhaus nach seinem Tod auch alle Lieferungen nach Großbritannien mit einem schwarzen Trauerflor und nannte eine Kreation nach seinem berühmtesten Kunden „Cuvée Sir Winston Churchill".

Alexandre Dumas d. Ä.

Französischer Schriftsteller (1802–1870)

„Nichts macht uns geneigter, an ein gutes Essen zu denken, als ein leerer Tisch."

Er ist der Autor weltbekannter Werke, wie „Die drei Musketiere" und „Der Graf von Monte Christo". Zeitweise war Alexandre Dumas der Ältere der populärste französische Schriftsteller. Er war ein Vielschreiber, der über 300 Romane, Theaterstücke und Reiseberichte schuf. Seine Werke erschienen in verschiedenen Zeitungen als Fortsetzungsgeschichten. Sein Sohn Alexandre Dumas der Jüngere wurde wie der Vater Schriftsteller, sein bekanntestes Werk ist „Die Kameliendame".

Nach dem Tod Alexandre Dumas' wurde seine Bibliothek verkauft. Es verwunderte, dass der größte Teil seiner Sammlung Kochbücher waren. Gleich wurde gespottet, dass es sich dabei wohl eher um die Bibliothek seiner Köchin handelte. Alexandre Dumas der Ältere war aber eben nicht nur Dichter, sondern vor allem auch ein großer Feinschmecker und exzellenter Koch. Sogar auf Reisen nahm er seine Pfannen, Messer, Siebe und die anderen Küchengeräte mit. Dumas litt oft darunter, dass seine Kochkunst nicht so anerkannt wurde wie seine Sprachkunst. Er behauptete von sich, dass er eher zum Koch berufen sei als zum Schriftsteller. Daher

verstand er auch sein „Großes Wörterbuch der Kochkunst" als die Krönung seines literarischen Gesamtwerks, wie er im Vorwort bemerkt. Er stellte einen hohen Anspruch an sein Werk, das er nicht als Kochbuch verstanden wissen wollte, sondern als Beitrag zur Speisekultur, als Enzyklopädie der guten Küche. Das Buch schloss Dumas kurz vor seinem Tod ab, sodass es erst posthum erschien. Es finden sich darin abwechselnd nicht nur historische Anekdoten über große Persönlichkeiten, theoretische Abhandlungen über die Kochkunst, sondern auch Rezepte, „denen auf den besten Tischen die Bürgerrechte verliehen worden sind".

In seinem Wörterbuch hat Dumas wie in einem Lexikon all das aufgelistet, was er für essenswert hielt. So ist es erklärbar, dass beim Geflügel nicht nur Hühner, Enten, Gänse, Puten, Fasane, Tauben und Wachteln genannt sind, sondern auch Amseln, Drosseln, Schnepfen, Regenpfeifer, Lerchen, Nachtigallen, Pfauen und Trappen. Er preist die Amseln aus Korsika als besonders schmackhaft an, weil sie sich vor allem von Wacholder, Misteln und Weißdorn ernähren. In über 1500 Artikeln ist in alphabetischer Reihenfolge von Aal über Bambus-Öl oder sogar Elefantenfleisch bis hin zu Zwiebelsuppe alles Kulinarische verzeichnet.

Edward VII.

Britischer König (1841–1910)

Roastbeef für den Onkel Europas

Kronprinz Albert Edward wurde als ältester Sohn der britischen Königin Victoria und ihres Gatten Albert von Sachsen-Coburg und Gotha im Buckingham Palace geboren. Durch die über sechs Jahrzehnte dauernde Regentschaft seiner Mutter wurde er erst mit 59 Jahren König. Edward war aufgrund der Heiratspolitik mit vielen europäischen Monarchen verwandt und wurde daher scherzhaft auch als „Onkel Europas" bezeichnet. Er aß sehr gerne und viel, was sich in seinem massiven Übergewicht spiegelte. Seine Körperfülle hat noch heute für jeden modisch stilsicheren Mann Auswirkungen. Die Usance, den untersten Knopf der Anzugweste offen zu lassen, geht auf König Edward zurück. Er konnte den Knopf wegen seines Taillenumfangs einfach nicht mehr zumachen oder ließ ihn aus Gründen der Bequemlichkeit offen. Um dem König peinliche Momente zu ersparen, taten es ihm alle anwesenden Herren gleich.

König Edward soll durch seine Vorliebe für Roastbeef mit Bratkartoffeln, Krensoße sowie Yorkshire-Pudding auch die britische Tradition mitbegründet haben, dass diese Speise zum klassischen britischen Mittagessen am Sonntag wurde, zum „sunday roast".

Noch einen kulinarischen Trend verdanken wir Edward. Die Vorherrschaft des trockenen Champagners. Ende des 19. Jahrhunderts wurde an den Fürstenhäusern und in der feinen Gesellschaft viel süßer Champagner getrunken. Durch die Vorliebe Edwards für trockenen Champagner ging der Trend dann aber in diese Richtung.

Edward war ein Lebemann, der sich als „Prince of Wales" häufig in Frankreich, oft mit unterschiedlichen Begleiterinnen, aufhielt und die französische Lebensart und Küche genoss. Bei einem seiner Besuche war er im „Café de Paris" in Monte Carlo zu Gast. Er bestellte wie immer Crêpes, die direkt am Tisch zubereitet wurden. Dem Kochlehrling Henri Charpentier, später Privatkoch von John D. Rockefeller, passierte dabei aber das Missgeschick, dass ein Likör Feuer fing. Geistesgegenwärtig tauchte er die Crêpes in die Orangenlikör-Orangensaft-Soße und behauptete, dass dies ein neues Rezept sei. Edward soll das Ansinnen abgelehnt haben, diese Neuschöpfung nach ihm zu benennen. Stattdessen bekam die kulinarische Erfindung den Namen seiner Begleiterin „Suzette".

Roastbeef

1 kg Beiried	Das zugeputzte Fleisch sorgfältig mit Salz, Pfeffer und Senf einreiben. Öl in einer
1 EL Senf	Pfanne erhitzen und das Roastbeef auf jeder Seite scharf anbraten. Anschließend bei
Salz, Pfeffer	180 °C im Backrohr garen. Nach jeweils 10 Minuten die Temperatur um zehn Grad
Rindsuppe	reduzieren. Währenddessen das Roastbeef einmal wenden, sowie hin und wieder mit
Pflanzenöl	Bratensaft übergießen. Je nach Wunsch ist das Fleisch entweder nach 60 Minuten

(rare) oder 90 Minuten (durch) fertig. Nach dem Herausnehmen 10 Minuten in Alufolie rasten lassen. Bratensaft mit Rindsuppe aufgießen und einreduzieren lassen. Das in Scheiben geschnittene Roastbeef mit Bratensaft servieren.

Albert Einstein

Physiker, Nobelpreisträger (1879–1955)

Lieber schlafen als essen

Als einer der bedeutendsten Physiker aller Zeiten ist Albert Einstein der Inbegriff des Genies. Er wurde in Ulm geboren und ging in München und Zürich zur Schule. Die Behauptung, dass er in Mathematik eine Fünf hatte, geht auf den Irrtum eines Biografen zurück, der das Benotungssystem der Schweiz mit dem in Deutschland verwechselte. In der Schweiz war die Fünf die beste Note. Einstein forschte in Bern, Zürich, Berlin und schließlich in Princeton. Seine spezielle Relativitätstheorie hat der spätere Nobelpreisträger erstmals öffentlich am 21. September 1909 bei einem Vortrag vor der „Gesellschaft deutscher Naturforscher und Ärzte" präsentiert, die damals im Turnsaal der Andrä-Schule in der Stadt Salzburg tagte.

Albert Einstein war kein Feinschmecker, doch ein Freund der Hausmannskost. An einen seiner Freunde schrieb er: „Ich gehöre zu den Leuten, die – vor die Alternative gebracht: gut essen oder gut schlafen – sich für das gut schlafen entscheiden."

Die Haushälterin Albert Einsteins, die ihn während seiner Tätigkeit an der Berner Universität versorgte und bekochte, musste ihm häufig Spinat, seine damalige Lieblingsspeise zubereiten. Einstein betrieb oft bis in die späten Abendstunden seine Forschungen und Berechnungen. Als Stärkung verlangte er sogar mitten in der Nacht Spinat. Dazu wurden ihm oft Soleier serviert. Das sind hartgekochte Eier, die in sehr starke Kochsalzlösung eingelegt werden und dadurch auch ohne Kühlung lange haltbar bleiben. Die Schale der harten Eier wird leicht angebrochen, sodass die Farbe aus den ebenfalls in die Salzlake eingelegten Zwiebelschalen ein bräunliches Netzmuster auf den Eiern bildet.

Eier mochte Albert Einstein überhaupt in jeder Variation, als Spiegelei, Eierspeise oder als Eierstich in einer Suppe. Auch Reis, Steinpilze, Kartoffeln, Bohnen, vor allem aber Makkaroni und Spaghetti schätzte er sehr. Fleisch aß er nur, wenn es sehr gut durchgebraten war. War ein Steak noch etwas blutig, sagte Einstein: „Ich bin doch kein Tiger."

Albert Einstein trank nur ganz wenig Alkohol und wenn, dann höchstens ein Glas Wein oder ein kleines Glas Kognak. Meist kostete er nur die ihm angebotenen alkoholischen Getränke. Dafür rauchte er trotz des Verbotes seiner Frau und seiner Ärzte Zigarre und Pfeife.

Milch und Fleischsaft

Das Bild von Elisabeth wurde durch die von Ernst Marischka geschaffenen drei „Sissi"-Filme mit Romy Schneider und Karlheinz Böhm ganz wesentlich geprägt. Die Filmfigur stimmt aber nur wenig mit der tatsächlichen Persönlichkeit der Kaiserin von Österreich und Königin von Ungarn überein. Auch die Schreibweise ihres Namens wurde im Film verändert, da Kaiser Franz Joseph seine Gattin in seinen Briefen immer „Sisi" genannt hat.

Elisabeth achtete sehr auf ihr Äußeres. Bei einer Größe von 172 cm wog sie nur 50 kg. Dafür trieb sie viel Sport, wozu sie sich sogar ein Turnzimmer mit Sportgeräten einrichten ließ.

Auch strenge Diäten gehörten dazu, während derer sie tagelang hungerte oder nur Flüssiges zu sich nahm. In solchen Phasen waren Fleischsaft und Milchprodukte ihre bevorzugten Lebensmittel.

Zur Herstellung des Fleischsaftes ließ sie sich Entenpressen aus Frankreich besorgen, die damals in Nobelrestaurants modern waren, um Entenfleisch für die Zubereitung einer Soße auszupressen. Für Elisabeth wurde Ochsenfleisch gepresst, was Kaiser Franz Joseph nur mit einem „grauslich" quittierte.

Die Kaiserin trank leidenschaftlich gern Milch und je nach Diätplan waren Milchprodukte ihr Hauptnahrungsmittel. Damit sie jeden Tag frische Milch hatte, wurde in Schönbrunn eigens für sie, aber auch zur Verköstigung der kaiserlichen Familie, eine „Kammermeierei" eingerichtet. Dort wurden Kühe verschiedener Rassen gehalten, wie Pinzgauer, Montafoner, ungarische Rinder und sogar griechische Rinder aus Korfu. Die meisten ihrer Kühe hatte Elisabeth auf Reisen gekauft und nach Wien in ihre Meierei bringen lassen. Die Kammermeierei belieferte auch die k. u. k. Zuckerbäckerei. Es kam sogar vor, dass von dort die Bestellung mit Angabe der Kuh erfolgte, von der die Milch kommen sollte, da diese in Qualität und Fettgehalt große Unterschiede aufwies. In der Kammermeierei befand sich auch ein Zimmer, in dem die Kaiserin häufig das Frühstück oder eine Jause einnahm. Die Kammermeierei, die sich im ehemaligen Tirolergarten des Schönbrunner Schlossparks befindet, wurde bis 1960 weitergeführt. Heute ist darin die Lehr- und Forschungsanstalt für Gartenbau. Die kleine kulinarische Schwäche der konsequenten Kaiserin waren Süßigkeiten, die sie sich auch von Demel, Gerstner, Pischinger und Gerbeaud liefern ließ. Außerdem schwärmte sie für Veilchensorbet.

Veilchensorbet

400 ml Wasser
300 ml Muskateller
6 EL getrocknete Duftveilchenblüten
150 g Zucker
1 Eiweiß

Wasser, Wein, Veilchenblüten und 100 g Zucker aufkochen und 5 Minuten köcheln lassen. Abseihen und abkühlen lassen. Das Eiweiß mit dem restlichen Zucker steif schlagen, den kalten Veilchensirup hinzugeben und vorsichtig unterrühren. Die Masse in eine Form füllen und mindestens 4 Stunden einfrieren. Dabei alle 30 Minuten umrühren, damit sich keine groben Kristalle bilden. Das Veilchensorbet mit kandierten Veilchenblüten dekorieren.

Ludwig Erhard

Deutscher Wirtschaftsminister und Bundeskanzler (1897–1977)

Eintopf und Wirtschaftswunder

Ludwig Erhard gilt als „Vater der sozialen Marktwirtschaft" und des „Deutschen Wirtschaftswunders". Geboren im fränkischen Fürth wurde der studierte Ökonom erster Wirtschaftsminister der Bundesrepublik Deutschland und dann ihr Bundeskanzler. Er setzte das von ihm mitentwickelte Konzept der sozialen Marktwirtschaft in die Praxis um und legte damit das Fundament für den wirtschaftlichen Aufstieg Deutschlands zu einem der führenden Industriestaaten.

Die Markenzeichen von Ludwig Erhard waren seine nicht unbeträchtliche Körperfülle und seine dicken Zigarren. Diese hatte er praktisch immer bei sich und er ist auch auf fast allen Fotos mit einer Zigarre abgebildet. In manchen Phasen seiner politischen Tätigkeit soll er täglich fünfzehn bis zwanzig Zigarren geraucht haben. Wie sich einer seiner Wegbegleiter erinnerte, ließ Ludwig Erhard „viel im Plenarsaal in Bonn liegen, aber die Zigarre nie."

Nach dem Krieg ging es vor allem darum, satt zu werden, üppige Speisen waren gefragt. Ludwig Erhard blieb dieser deftigen Nachkriegsküche immer treu. In Interviews hat er mehrfach auf die Frage nach seiner Leibspeise mit „Pichelsteiner Eintopf" geantwortet. Damit wurde der Eintopf in ganz Deutschland bekannt und populär. Dieses Gericht, das aus verschiedenen Fleisch- und Gemüsesorten besteht, wurde von Wirtin Auguste Winkler erfunden. Sie betrieb in der Nähe des Büchelsteins, eines Aussichtsberges im südlichen Bayerischen Wald, ein Gasthaus. Ab dem Jahr 1839 soll jährlich auf einer Waldwiese das „Büchelsteiner Fest" gefeiert worden sein. Die Wirtin kreierte das schnell zubereitete warme Gericht, das sich von ihrem Gasthaus leicht auf den Berg transportieren ließ. Schon nach kurzer Zeit wurde das „Freilichtkochen" des Büchelsteiners als „herkömmlich" bezeichnet. Erstmals in einem Kochbuch erwähnt wurde der Eintopf 1894. Bei der Verschriftlichung wurde der Eintopf wahrscheinlich zum „Pichelsteiner". Die Erwähnung des Lieblingsgerichts hat für bekannte Persönlichkeiten oft nachhaltige Folgen. Um den hohen Gast zu ehren und bei der Speisenauswahl auf der sicheren Seite zu sein, wird bei Besuchen dieses Gericht kredenzt. Auch Ludwig Erhard hat den Pichelsteiner Eintopf unzählige Male serviert bekommen. So kann auch das beliebteste Leibgericht zur Last werden.

Pichelsteiner Eintopf

200 g Schweinsschopf
200 g Rindfleisch (Gulasch)
300 g Kartoffeln
300 g Karotten
250 g Wirsing
2 große Zwiebeln
Olivenöl
Salz, Pfeffer, Schnittlauch
300 ml Rindsuppe

Das Fleisch in kleine Würfel schneiden. Kartoffeln und Karotten in Scheiben, Wirsing und Zwiebeln in Streifen schneiden. Das Fleisch mit den Zwiebeln in einem Bräter in Öl kurz scharf anbraten und mit Salz und Pfeffer würzen. Die Hälfte herausnehmen und das Gemüse nacheinander in den Topf schichten, wobei jede Schicht leicht gesalzen und gepfeffert wird. Mit dem zuvor entnommenen Fleisch abschließen und mit der Suppe aufgießen. In dem Bräter zugedeckt bei 175 °C im Ofen garen lassen und nicht umrühren. Mit Schnittlauch bestreut servieren.

Leopold Figl

Österreichischer Außenminister und Bundeskanzler (1902–1965)

Kukuruz und Beuschel für den Leopold von Österreich

Der Höhepunkt seines politischen Lebens war sicher die Unterschrift als Außenminister auf dem österreichischen Staatsvertrag am 15. Mai 1955, den er dann vom Balkon des Schlosses Belvedere in Wien mit den Worten „Österreich ist frei!" den jubelnden Bürgern präsentieren konnte. Leopold Figl war der erste Bundeskanzler nach dem Zweiten Weltkrieg. In seiner berühmten Weihnachtsansprache 1945 vermittelte er, obwohl er „kein Stück Brot, keine Kohle" geben konnte, Aufbauwillen und Hoffnung: „Glaubt an dieses Österreich!"

Leopold Figl stammte von einem Bauernhof in Rust im niederösterreichischen Tullnerfeld. Auch kulinarisch blieb er seiner Heimat treu. Eine seiner Lieblingsspeisen war das Beuschel. Dieses wird als urösterreichisches Gericht geschätzt. In der Küche des einfachen Volkes wurden die billigen Innereien häufig verwendet, um das geschlachtete Tier so effizient wie möglich zu verwerten. Daher galt es als minderwertige Speise, doch als verfeinertes Salonbeuschel fand es Eingang in die gehobene Küche. Das Beuschel besteht aus den klein geschnittenen Lungenflügeln und den Herzen vom Kalb, Rind,

Schwein, Schaf oder Ziege. Wesentlich ist dabei das gründliche Entfernen der knorpeligen Luftröhre bis hin zu den kleinen Bronchien sowie der Speiseröhre. Der Name „Beuschel" ist die Verkleinerungsform von „Bausch", womit auf die bauschige Beschaffenheit der Lunge Bezug genommen wird. Klassisch werden zum Beuschel Servietten- oder Semmelknödel gereicht.

1960 besuchte der Ministerpräsident der Sowjetunion und Parteichef der KPdSU Nikita Chruschtschow bei einem Österreichbesuch auch den heimatlichen Hof von Leopold Figl im Tullnerfeld. Auf der Fahrt dorthin fielen Chruschtschow die niedrigen Maisfelder auf, was ihn zu der Wette verleitete, dass der russische Mais zehn Mal so ertragreich sei wie der österreichische. Als Wetteinsatz vereinbarten die beiden Staatsmänner etwas, das sie beide sehr gerne mochten, nämlich ein Schwein. Die „Kukuruzwette" wurde von beiden Seiten sehr ernst genommen und hatte hohe symbolische Bedeutung. Die Ernte zeigte, dass der russische und österreichische Mais gleichwertig wuchsen. Die Wette hatte Leopold Figl also gewonnen, doch das Schwein hat er dann nicht erhalten. Somit musste Leopold Figl seinen Schweinefleischbedarf anders decken, doch daraus wurde wohl keine Staatsaffäre.

Beuschel

1 kg Lunge und Herz
40 g Butter
100 g Mehl
3 große Zwiebeln
Wurzelwerk
Salz, Essig, Pfefferkörner,
Lorbeer, Majoran, Zitronenschale

Lunge und das Herz sorgfältig von größeren Adern und Röhren befreien. Mit Essig, Wurzelwerk, Zwiebel, Salz, Pfefferkörnern und Lorbeerblatt weich kochen. Erkaltet schneidet man die Innereien nudelig, macht eine dunkle Einbrenn mit Zwiebel, die man mit dem Sud aufgießt. Die geschnittenen Innereien hinzugeben, mit Salz, Pfeffer, Zitronenschale, Majoran und Essig würzen. Nach Belieben mit Crème fraîche verfeinern.

Theodor Fontane

Deutscher Schriftsteller (1819–1898)

„Die Verpflegung ist für den Kulturmenschen eigentlich das Wichtigste."

Er schrieb Romane, Novellen, Erzählungen, Balladen, Gedichte und Briefe in großer Zahl. Der aus Neuruppin nördlich von Berlin stammende Fontane war Apotheker, bevor er als Journalist, Theaterkritiker und Kriegsberichterstatter arbeitete. Schließlich widmete er sich als Schriftsteller nur mehr der Literatur. Seine Romane wie *Effi Briest* oder *Der Stechlin* dienten als Vorlage für zahlreiche Verfilmungen und Hörspiele.

Theodor Fontane schätzte es sehr, in guter Gesellschaft die Kultur des Speisens zu pflegen. So war einer seiner Leitsätze: „Ich habe eine hohe Vorstellung von der Heiligkeit der Mahlzeiten, gleich nach dem schlafenden kommt der essende Mensch."

In seinen Werken wird immer gern und gut gespeist. So beschreibt Fontane im historischen Roman *Vor dem Sturm* ein echtes Berliner Essen: „… erster Gang eine große Schüssel mit Mohnpielen, daneben links ein Heringsalat und rechts eine Sülze. Alles reich gewürzt; auf dem Mohn eine dichte Lage von gestoßenem Zimt,

auf dem Salat kleine Zwiebeln, die mit Pfeffergurken und sauren Kirschen abwechselten." In den *Wanderungen durch die Mark Brandenburg* entdeckt er im Spreewald die Vorzüge von Kürbis, Kren und Sellerie.

Über ein gutes Frühstück in angenehmer Gesellschaft ging ihm nichts. Götterspeise, Baumkuchen oder auch nur eine gut gebackene Semmel machten ihn glücklich. Er mochte Hausmannskost ebenso wie Spezialitäten seiner brandenburgischen Heimat oder exotische Delikatessen. Schinken war für ihn mehr als Genuss. Seiner Frau schrieb er von einer Kur, dass er in Berlin „das viele Schinkenfutter" nur brauche, um die Nerven „in einigermaßen leidlicher Verfassung zu halten".

Und die Getränke durften nicht fehlen. Möglichst Wein, „denn man muss etwas trinken, was einen erfrischt und nicht so verschlappert wie Wasser und Brausepulver". Auch Kaffee, aber ohne Milch, dafür aber mit Kognak, besonders bei einem „verlatschten Magen".

Für den fantasievollen Dichter muss Essen höchster Genuss gewesen sein: „Alle Genüsse sind schließlich Einbildung, und wer die größte Fantasie hat, hat den größten Genuss."

Mohnpielen

1 l Milch
4 alte Semmeln
150 g gehackte Nüsse
500 g gemahlener Mohn
80 g Rosinen
100 g Zucker

Die Semmeln in kleine Stücke reißen und in einen großen Topf geben. Den Mohn, die Nüsse, Zucker und Rosinen untermischen. Die Milch aufkochen und darübergießen. Die Masse für mindestens sechs Stunden kalt stellen. Die fertigen Mohnpielen in Dessertgläser füllen und servieren.

Franz Joseph von Österreich

Kaiser von Österreich und König von Ungarn (1830–1916)

Es war sehr schön, es hat sehr geschmeckt

68 Jahre herrschte er über ein Reich, das mehr als 52 Millionen Einwohner hatte und etwa 676 000 Quadratkilometer maß. Zu Beginn seiner Regierungszeit war Franz Joseph durch seine neoabsolutistische Herrschaft äußerst unbeliebt. Den heutigen Ruf als gütiger Landesvater verdankt er seiner langen Regierungszeit und den vielen persönlichen Schicksalsschlägen.

Legendär ist seine Vorliebe für gekochtes Rindfleisch, besonders den Tafelspitz. Diese Neigung des Kaisers fand breite Nachahmung und machte Wien zu einem Zentrum der Rindfleischküche. So ist in einem Lehrbuch für Servierkunde von 1912 zu lesen: „Wenn unser allgütiger Monarch frei von Repräsentationspflichten seine Mahlzeiten in Allerhöchst seinen Privatgemächern einnimmt, dann unterscheidet sich das Menü nur wenig von dem größerer Bürgerhäuser. Nie fehlten an der Tafel seiner Majestät ein gutes Stück gesottenen Rindfleisches, das zu seinem Lieblings Gericht zählt …" Der Tafelspitz für den Kaiser musste so weich sein, dass er sich leicht mit der Gabel zerteilen ließ. Die polierte Klinge seines Messers benutzte er nicht zum Schneiden, sondern nur, um sich seinen Bart zu richten.

Von Kaiser Franz Joseph wird berichtet, dass sein Tag um fünf Uhr mit einem Frühstück, bestehend aus türkischem Kaffee, einer Semmel, Butter und etwas Schinken, begann. Am Vormittag gab es dann ein Paar Frankfurter Würstel. Durch die Hofküche wurde nicht nur der Kaiser versorgt, sondern auch alle Angestellten des Hofes. Sie nahmen ihr Mittagessen am Arbeitsplatz ein, weil es noch keine Kantine gab. Falls kein Arbeitsessen angesetzt war, wurde auch dem Kaiser das Mittagessen von seinem Kammerdiener Eugen Ketterl an den Schreibtisch serviert. Die Speisen wurden zum Selbstkostenpreis abgegeben, wobei es drei Größen gab. Die teuerste Stufe war das, was auch der Kaiser zu Mittag aß, das „Kaisermenü". Am Abend gab es für das Personal kalte Speisen wie Brot mit Wurst, Käse und Butter. Auch das Nachtmahl des Kaisers war bescheiden, oft nur Schwarzbrot und Sauermilch. Weine wurden dem Kaiser aus dem erlesenen Hofkeller serviert, wobei es mehrere Qualitätsklassen gab. „Herrschaftsweine" für die kaiserliche Familie und die hohen Gäste. „Offizierswein" für die Militärs, „Soldatenweine" für die wachhabenden Garden und die „Mischweine" für die Dienerschaft.

Tafelspitz

750–1000 g Tafelspitz 2–3 Markknochen eine halbe Zwiebel, ungeschält 1 Bund Suppengrün Salz Pfefferkörner	Wasser in einem großen Topf zum Kochen bringen. Den Tafelspitz in das heiße Wasser geben, Salz und Pfefferkörner hinzugeben und 2–3 Stunden ziehen lassen (nicht kochen). Das Suppengrün putzen und in größere Stücke schneiden. Die Zwiebel auf der Schnittfläche dunkel anrösten. Das Gemüse und die Zwiebel nach der Hälfte der Garzeit hinzufügen. Zwischendurch den Schaum abschöpfen, damit die Suppe nicht trüb wird. Tafelspitz wird in Österreich mit Cremespinat und gerösteten Erdäpfeln serviert. Auch Schnittlauchsoße und Semmelkren sind klassische Beilagen.

Friedrich der Große

König von Preußen (1712–1786)

„Alle Kultur kommt aus dem Magen."

Er bezeichnete sich selbst als den „ersten Diener des Staates" und machte Preußen zur fünften europäischen Großmacht neben Österreich, Frankreich, Großbritannien und Russland. Friedrich folgte als der älteste überlebende Sohn von 14 Kindern seinem Vater Friedrich Wilhelm I., dem „Soldatenkönig", auf den Thron Preußens. Obwohl seine Jugend durch eine autoritäre und gewalttätige Erziehung geprägt war, entwickelte er sich zu einem aufgeklärten, kunstsinnigen und weltoffenen Herrscher, zum „Philosophenkönig".

Friedrich umgab sich mit Künstlern und Gelehrten, der „Tafelrunde von Sanssouci". Mit diesen speiste er oft stundenlang. Bereits am Vorabend ließ er sich die Menüfolge für die Mittagstafel vorlegen und nahm Korrekturen vor. In der Regel wurden acht Schüsseln mit unterschiedlichen Gerichten gereicht, die auf drei Gänge verteilt waren. Eine Lieblingsspeise des Königs war Polenta mit Parmesan und viel Knoblauch. Er mochte äußerst scharfe Gerichte, die aber für seine Tafelrunde „so heiß und würzhaft waren, dass sie in der Hölle gebraten schienen."

Ständige Gäste an der königlichen Tafel waren auch seine geliebten Hunde, die Windspiele. Sie wurden vom König selbst gefüttert, schliefen in seinem Bett und am Ende seines Lebens mochte Friedrich nur noch die Windhunde um sich haben, da er meinte: „Hunde haben alle guten Eigenschaften des Menschen, ohne gleichzeitig ihre Fehler zu besitzen." Wenn ein Hund starb, wurde er auf der Terrasse des Schlosses Sanssouci in einer Gruft bestattet. König Friedrich verfügte in seinem Testament, direkt neben seinen Hunden beerdigt zu werden. Entgegen seinem letzten Befehl erfolgte die Beisetzung aber in der Potsdamer Garnisonkirche. Erst 1991 wurden seine sterblichen Überreste nach Sanssouci überführt und neben den Hunden zur letzten Ruhe gebettet.

Auf seine Grabplatte werden statt Blumen häufig Kartoffeln gelegt. Sie erinnern daran, dass Friedrich die Kartoffel in Preußen eingeführt hat. Da er den Wert der Erdäpfel für die Ernährung der Bevölkerung erkannte, erließ er nach schlimmen Hungerzeiten mehrere „Kartoffelbefehle" zu deren Anbau. Dieser erfolgte zuerst nur zögerlich, da immer wieder auch die giftigen oberirdischen Teile der Pflanze gegessen wurden und sie so in Misskredit kam. Die Kartoffel stieg aber schließlich zu einem Grundnahrungsmittel auf und ist der nachhaltigste Beitrag von Friedrich dem Großen zum heutigen Speisezettel.

Jakob Fugger

Führend bei Handel, Geld und Küche

Jakob Fugger war der mit Abstand reichste Mann seiner Zeit. Im Heiligen Römischen Reich Deutscher Nation gab es keinen wichtigeren Bankier, bedeutenderen Händler oder einflussreicheren Bergbauunternehmer. Er war stets bereit, die Ausgaben des Kaisers vorzufinanzieren und ihm hohe Kredite zu gewähren. Der in Geldgeschäften eher glücklose Kaiser Maximilian erhob Jakob Fugger dafür in den Adels- und schließlich sogar in den Reichsgrafenstand.

Die Gäste im Hause Fugger wurden mit den erlesensten Köstlichkeiten bewirtet, die zu bekommen waren. In einer erhalten gebliebenen Einkaufsliste stehen Melonen, Zitronen, Pomeranzen (Bitterorangen), Granatäpfel, Kürbisse, Mandeln, Kapern und Oliven. Das Obst der unzähligen Fugger'schen Obstbäume wurde zu Kompott und Fruchtpasteten verarbeitet, damit es auch im Winter zur Verfügung stand.

Wöchentlich kamen Lieferungen von Fischen und Krustentieren aus Venedig nach Augsburg. Für den Transport waren sie in Salz eingelegt oder mit einem gewürzten Gelee umhüllt. Austern wurden in Fässern zu 300 Stück angeliefert. Die große Zahl und ihre sehr begrenzte Haltbarkeit zeigen, dass sie für die großzügige Versorgung der Gäste bestimmt waren. Aus der Gegend um Florenz wurde in großen Laiben der Hartkäse „Grana" geliefert. Auch Schnecken gehörten zur Fugger'schen Küche, die aber aus heimischer Produktion stammten.

Fleisch kam viel auf den Tisch. Ein Braten am Spieß, von Vögeln bis zu Rindern, muss besonders beliebt gewesen sein. Auf Inventarlisten sind eine Vielzahl von Spießen und Drehvorrichtungen in allen Größen verzeichnet. Wild aus den eigenen Revieren war im Überfluss vorhanden. Die Fugger'schen Jäger hatten das Wild waidgerecht zu erlegen und sauber auszuweiden, bevor sie es rasch nach Augsburg brachten. Dies war scheinbar nicht überall so, wie aus einer Korrespondenz der Fugger hervorgeht. Es wird von einem Mahl am bayerischen Hof berichtet, bei dem den Gästen ungenießbares Wildbret, aus dem schon die Maden krochen, vorgesetzt wurde. Für die Fugger undenkbar.

Neben Wildgeflügel gab es auch Hausgeflügel aus eigener Zucht. Zu den besonderen Raritäten gehörten Truthühner, die „indianisches Geflügel" genannt wurden, weil sie von Columbus nach Europa gebracht worden waren. Truthühner waren für das normale Volk noch unerschwinglich, doch weitblickend versuchten die Fugger sie schon zu züchten.

Alexander Girardi

Österreichischer Schauspieler (1850–1918)

Jausnen mit seiner Majestät

Er war der populärste Schauspieler seiner Zeit und das Publikum lag ihm zu Füßen. Alexander Girardi prägte das Wiener Volkstheater, insbesondere durch die Verkörperung von Rollen in Ferdinand Raimunds Stücken. Er spielte den „Valentin" im *Verschwender*. Auch in vielen Operetten wie etwa im *Zigeunerbaron* von Johann Strauß oder im *Bettelstudent* von Karl Millöcker feierte er vielumjubelte Erfolge. Er trug gern flache Strohhüte mit gerader Krempe, die bis heute „Girardi-Hut" genannt werden. Katharina Schratt war nicht nur enge Vertraute des Kaisers, sondern auch eine besondere Kollegin und Bekannte von Alexander Girardi. Diesem Umstand und der Vorliebe Girardis für Gemüse verdanken wir eine Rostbraten-Kreation, die er gerne aß und die seinen Namen trägt. Da Girardi Rindfleisch nicht so gern hatte, bedeckte Katharina Schratt für ihren Gast die pikant gedünsteten Schnitten mit allem vorhandenen, in dünne Scheiben geschnittenen Wurzelwerk. Der Girardi-Rostbraten war erfunden!

Damit wurde der schon reichhaltigen Wiener Rostbratenküche eine weitere Variation hinzugefügt, wobei der Name an die ursprünglich verwendete Gartechnik, das Braten auf dem Rost, verweist. Es gab schon eine Fülle von Zubereitungsarten mit Zwiebeln, Knoblauch oder in brauner Soße. Mit Rahm, Sardellen oder mit Weißweinsoße und Wurzelwerk nach Esterházy. Katharina Schratt hat aber für Girardi nicht nur gekocht, sondern ihn sogar einmal aus der Nervenheilanstalt gerettet. Seine Frau wollte ihn entmündigen lassen und hatte bei einem Arzt ein Attest erreicht, das Girardi für geisteskrank erklärte. Davon erfuhr der Künstler und floh in das Haus der Schratt. Durch ihre Verbindungen gelang es, Girardi wieder zu rehabilitieren.

Kaiser Franz Joseph schätzte Alexander Girardi als Schauspieler sehr. Daher arrangierte Katharina Schratt auch einmal ein privates Treffen zu Kaffee und Kuchen in ihrer Villa in der Gloriettegasse. Die Unterhaltung verlief eher einseitig, da Alexander Girardi ziemlich schweigsam war. Schließlich soll ihn der Kaiser gefragt haben: „Auf der Bühne sind's immer so lustig, mein lieber Girardi, und jetzt, da sagn's gar nix?" Dieser erklärte seine Verlegenheit: „Entschuldigen, Majestät, aber trinken Majestät einmal mit dem Kaiser von Österreich Kaffee!"

Girardi-Rostbraten

4 Scheiben Rostbraten
Senf, Salz, Pfeffer
2 Zwiebeln
1 TL Kapern
70 g Speck
150 g Champignons
1 EL Butter
125 ml Weißwein
Petersilie, Zitronenschale
125 g Sauerrahm

Die Rostbratenstücke klopfen, die Ränder einschneiden, auf einer Seite mit Senf bestreichen und mit Pfeffer und Salz würzen. Dann zuerst auf der Senfseite, dann auf der anderen Seite in wenig Öl anbraten. Das Fleisch anschließend aus der Pfanne nehmen und beiseite stellen. Die Zwiebeln klein schneiden und im Bratensaft rösten. Champignons und Speck würfeln, Kapern hacken und alles mit rösten. Mit Wein ablöschen und aufkochen lassen. Den Rostbraten hineinlegen und eine halbe Stunde weich dünsten. Mit Petersilie, Zitronenschale und Sauerrahm abschmecken. Den Braten darin kurz nachziehen lassen. Als Beilage eignen sich Serviettenknödel.

Johann Wolfgang von Goethe

Deutscher Dichterfürst (1749–1832)

„Wenn Ihr gegessen und getrunken habt, seid Ihr wie neugeboren."

Viele seiner Dichterworte sind in unseren normalen Sprachgebrauch eingegangen und werden jeden Tag tausendfach verwendet. „Goethe kann als Grundlage der Bildung eine ganze Kultur ersetzen", meinte Hugo von Hofmannsthal. In Frankfurt geboren, studierte er in Straßburg und Leipzig Rechtswissenschaften. Sein Roman *Die Leiden des jungen Werther* machte ihn früh berühmt. Er wurde an den Weimarer Hof eingeladen, wo er sich schließlich auf Dauer niederließ. Als Freund Herzog Carl Augusts bekleidete er verschiedene politische und administrative Ämter und wurde 1782 vom Kaiser geadelt.

Goethe aß gerne reichlich. Er konnte es sich auch leisten, ein großzügiger Gastgeber zu sein und Freunde, Künstler, Gelehrte und auch interessante Durchreisende mit Spezialitäten zu bewirten. Er überraschte sie mit exquisiten Genüssen wie Kaviar, Muscheln, Trüffeln oder Schnepfen. Er hielt in seinem Wohnhaus in Weimar einen organisierten Tagesablauf mit regelmäßigen Mahlzeiten ein, die in einem Vier-Stunden-Rhythmus eingeteilt waren. Um 6 Uhr gab es ein erstes Frühstück mit Milch und Zwieback. Zum zweiten Frühstück um 10 Uhr wurde kalte Küche und Wein gereicht. Das Mittagessen um 14 Uhr umfasste drei bis vier Gänge. Am Abend um etwa 18 Uhr nahm Goethe nur mehr einen leichten Imbiss zu sich.

Am liebsten soll er die „Grüne Soße" gegessen haben, die er aus seiner Geburtstadt Frankfurt kannte. Diese wird je nach Jahreszeit aus sieben Kräutern hergestellt (Petersilie, Schnittlauch, Kerbel, Pimpinelle, Sauerampfer, Borretsch und Kresse). Darunter werden noch hartgekochte Eier gemischt und Kartoffeln dazu gereicht.

Besonders gerne hatte er auch Stufato, einen gedämpften Ochsenschlepp, den er bei seiner italienischen Reise kennengelernt hatte und welcher bei ihm wohl Erinnerungen wach werden ließ.

Seine Zeitgenossen zeigten sich erstaunt, welche Mengen Herr von Goethe verzehren konnte. Der Dichter Jean Paul schrieb: „Er frisst entsetzlich!" und Goethe selbst bekennt in einem seiner Briefe in mittleren Jahren, dass er vorübergehend recht korpulent geworden sei: „Was das Äußere betrifft, so sagen die Leute, ich sei nach und nach dick geworden."

Seinen Hang zu guten Speisen machte sich ein Metzger in Weimar zunutze, als er zu Goethes 80. Geburtstag ein Schild über seinem Geschäft anbrachte: „Herr Goethe ist in seinem Fach / Was Metzgermeister Auerbach."

Frankfurter Grüne Soße

300 g Kräuter: Borretsch, Kerbel, Kresse, Petersilie, Pimpinelle, Sauerampfer und Schnittlauch
500 ml Sauerrahm
2 gekochte Eier
je 1 EL Öl und Zitronensaft
Salz, Pfeffer

Die Kräuter fein wiegen, die Eier ebenfalls klein hacken und alles mit Sauerrahm und Öl vermischen. Mit Zitronensaft, Salz und Pfeffer abschmecken. Wer die Soße besonders fein mag, kann sie mit dem Pürierstab mixen. Traditionell gehören nur diese sieben Kräuter in die Frankfurter Grüne Soße. Sie wird zu Salzkartoffeln und gekochten Eiern serviert.

Georg Friedrich Händel

Deutsch-britischer Komponist (1685–1759)

Kapaune für Händel

Er war einer der Großmeister der Barockmusik. Georg Friedrich Händel schuf 42 Opern, 25 Oratorien, zahlreiche Kantaten, Werke für Orchester sowie Kammer- und Klaviermusik. Geboren wurde er in Halle an der Saale, doch zog er 1712 nach London um und blieb dort bis zu seinem Tod. 1727 wurde er britischer Staatsbürger und anglisierte auch seinen Namen in George Frideric Handel. Seine letzte Ruhestätte fand Händel in der Westminster Abbey, der Grablege englischer Monarchen.

Über Händels Privatleben ist überraschend wenig überliefert, doch sein Hang zu üppigen Gelagen und dem Verzehr von enormen Speisemengen waren bekannt. In der bereits ein Jahr nach seinem Tod erschienenen Biografie wurden des „großen Mannes niedrige Triebe", denen er „so übermäßig nachgehängt", begründet: „Seine Arbeit erforderte beständige und reichliche Versorgung mit Lebensmitteln, um die erschöpften Geister ... zu ersetzen." In einem Gasthaus soll man ihn einmal gefragt haben, da er die gesamte Speisekarte bestellte: „Und wann kommen Ihre Gäste?" Seine knappe Antwort: „Ich esse allein!" Sein Heißhunger machte ihn aber schon zu Lebzeiten zum Ziel für eine Karikatur. Diese zeigt Händel mit einem Schweinsrüssel statt einer Nase im Gesicht, mit ungeheuer verdickten Armen und Beinen auf einem Weinfass vor einer Orgel sitzend, umgeben von Kapaunen, Schinken, Austern und Likören. Der Titel der Zeichnung: „Das bezaubernde Untier".

Das Leibgericht Georg Friedrich Händels war Kapaun. Sein Librettist Paolo Rolli spottete darüber: „Der Riesige speist nie anders, so hören wir raunen, als eine gedoppelte Platte von Mastkapaunen." Diese waren damals häufig und beliebt. Es handelt sich dabei um mit etwa drei Monaten kastrierte Hähne, bei denen es damit zu einer besseren Fettverteilung im Fleisch und einem ausgezeichneten Geschmack kommt. Kapaune werden aufgrund des hohen Aufwands heute praktisch nicht mehr angeboten und für die wenigen, die noch auf den Markt kommen, werden horrende Preise bezahlt.

Händel hatte zahlreiche körperliche Probleme, woran aber nicht nur das reichliche Essen und seine Körperfülle, sondern auch eine schleichende Bleivergiftung Mitschuld gehabt haben dürfte. Um den Geschmack von minderwertigen Weinen zu verbessern, wurde damals Bleizucker zugesetzt. Händel genoss insbesondere süßen Portwein in großen Mengen, eventuell mit gravierenden gesundheitlichen Folgen.

Gefüllter Kapaun

1 Kapaun	**Fülle:**
(oder 1 Huhn)	3 alte Semmeln
1 Knoblauchknolle	1 Ei
Zitronenscheiben	200 ml Milch
Thymianzweige	Petersilie
Salz, Pfeffer	Salz, Pfeffer
Butter für die Form	

Die Semmelwürfel mit Eiern und warmer Milch übergießen, mit Salz, Pfeffer und gehackter Petersilie würzen und gut vermischen. Die Masse in den Kapaun füllen. Die Bauchhöhle nach dem Füllen zunähen. Mit der halbierten Knoblauchknolle, den Zitronenscheiben und Thymian in eine gebutterte Form setzen und unter mehrmaligem Übergießen mit Bratensaft ca. 2 Stunden im Rohr garen.

Heinrich Heine

Deutscher Dichter (1797–1856)

Viele Gerichte in den Gedichten

Kaiserin Elisabeth von Österreich war eine glühende Verehrerin Heinrich Heines und wollte dem Dichter in seiner Geburtsstadt Düsseldorf sogar ein Denkmal errichten lassen, was aber die damals dort herrschenden Preußen verhinderten. Sie hob ihn besonders hervor: „Heine ist von den meisten anderen Dichtern verschieden, weil er alle Scheinheiligkeit verachtet, er zeigt sich stets als der, welcher er ist, mit allen menschlichen Eigenschaften und allen menschlichen Fehlern." Heinrich Heine schrieb nicht nur gesellschaftskritisch und politisch, was Zensur und sein Exil in Paris zur Folge hatte, er schrieb auch romantisch und häufig kulinarisch genussvoll. In seinem bekanntesten Werk *Deutschland – Ein Wintermärchen*, die Beschreibung einer Deutschland-Reise in Strophen, liest man etwa: „Zu Köllen kam ich spätabends an, / Da hörte ich rauschen den Rheinfluß, / Da fächelte mich schon deutsche Luft, / Da fühlt ich ihren Einfluß – / Auf meinen Appetit. Ich aß / Dort Eier-

kuchen mit Schinken, / Und da er sehr gesalzen war, / Mußt ich auch Rheinwein trinken."

Er mochte auch die deutsche Küche: „Sei mir gegrüßt, mein Sauerkraut, / Holdselig sind deine Gerüche! / Jedwedem fühlenden Herzen bleibt / Das Vaterland ewig teuer – / Ich liebe auch recht braun geschmort / Die Bücklinge und Eier."

So ist das *Wintermärchen* nicht nur eine Reisebeschreibung mit historischen und politischen Betrachtungen, sondern es gibt auch einen Einblick in die Esskultur und die Essgewohnheiten des 19. Jahrhunderts.

Heinrich Heine aß gerne in angeregter Runde. So sind achtgängige Menüs im Haus seines Hamburger Onkels Salomon überliefert. Zu seinen bevorzugten Speisen sollen Apfeltörtchen, Erbsensuppe oder Kastanien mit Grünkohl gehört haben. Als sein Lieblingsgericht nennt aber Heinrich Heine in einem Brief an seinen Schriftstellerkollegen August Lewald „Hammelfleisch mit Teltower Rübchen", einer besonderen Form der Speiserübe, die nach einer Landschaft in Brandenburg benannt ist.

Erbsensuppe

400 g Erbsen
1 Zwiebel
2 mittelgroße Kartoffeln
750 ml Gemüsesuppe
Salz, Pfeffer
100 ml Crème fraîche

Die Erbsen, die Kartoffeln und die klein geschnittene Zwiebel in der Gemüsesuppe weich dünsten. Mit dem Mixstab pürieren, mit Salz und Pfeffer abschmecken und mit Crème fraîche verfeinern. Serviert wird die Erbsensuppe nach Belieben mit knusprigen Speckwürfeln.

Alfred Hitchcock

Britisch-amerikanischer Filmregisseur und Filmproduzent (1899–1980)

Trotz der Vögel keine Eier

Mit Thrillern wie *Psycho*, *Das Fenster zum Hof* oder *Vertigo* wurde Alfred Hitchcock als Regisseur weltbekannt und viele seiner Filme gehören zu den bedeutendsten der Filmgeschichte. „Der Großmeister des Schreckens" wuchs in London in einem Gemüseladen auf, war äußerst schüchtern und hatte schon damals eine rundliche Figur. Er liebte Theater und Kino und begann seine steile Karriere als Assistent bei einer Produktionsfirma. Nach Erfolgen in Großbritannien ging Hitchcock nach Hollywood und versetzte von dort seine Zuschauer in Angst und Schrecken.

In vielen seiner Filme nehmen das Essen, Lebensmittel oder auch Küchengeräte eine wichtige Rolle ein. Seine Vorliebe für gutes Essen und gute Weine sah man Alfred Hitchcock aufgrund seiner Leibesfülle auch sofort an. Er aß und trank gern in Gourmetrestaurants und ließ sich von Spitzenköchen verwöhnen. Zu Hause mochte er klassische britische Gerichte wie Fleischpasteten. Besonders schätzte er aber die Quiche Lorraine, die ihm seine Frau Alma zubereitete. In seinem Film *Über den Dächern von Nizza* ließ Hitchcock seine Lieblingsspeise sogar servieren und sie im Dialog als „wunderbar" bezeichnen. Quiches werden in runden Tarte-Formen mit einem Mürbteigboden gebacken. Der Belag besteht aus geräuchertem Speck und einem Gemisch aus Sauerrahm und Ei. In eine originale Quiche Lorraine gehören Zwiebeln genauso wenig wie Käse.

Quiche Lorraine stammt ursprünglich aus den Regionen Lothringen und Elsass in Frankreich. Die Bezeichnung „Quiche" wurde vom elsässischen Wort „Kichel" beziehungsweise „Kuechel" abgeleitet, was dem hochdeutschen Wort „Kuchen" entspricht. „Lorraine" ist die französische Bezeichnung für Lothringen.

Alfred Hitchcock hatte auch einen besonderen Hang zu Kartoffeln, die er gerne gekocht, gebraten oder püriert zu jedem Mittagessen genoss. Seine zeitweise bis zu 150 Kilogramm Körpergewicht rührten aber sicher nicht nur vom Kartoffelgenuss her, sondern wohl von den häufigen und üppigen Mahlzeiten.

Auch wenn man aufgrund des Filmes *Die Vögel* das Gegenteil vermuten könnte, hatte Alfred Hitchcock geradezu eine Phobie vor Eiern. Diese Abneigung hat er auch in einer Szene in seinem Film *Über den Dächern von Nizza* symbolisch dargestellt, indem er eine Zigarette im Gelb eines Spiegeleies ausdrücken lässt.

Quiche Lorraine

250 g Mehl
160 g kalte Butter
5 Eier
100 g Speck
1 Lauchstange
250 ml Schlagobers
Salz, Pfeffer

Aus Mehl, Butter, 1 Ei und einer Prise Salz einen Mürbteig kneten und eine halbe Stunde in Frischhaltefolie gewickelt kalt stellen. Speck und Lauch klein schneiden und in Butter anbraten. Den Teig ausrollen, in eine ausgebutterte Tarteform legen und festdrücken. 4 Eier mit Schlagobers, Speck und Lauch verrühren und auf dem Teig verteilen. Die Quiche bei 180 °C etwa eine halbe Stunde backen.

Vladimir Horowitz
Pianist (1903–1989)

Ohne Seezunge gab es kein Konzert

Er zählte zu den größten Pianisten des 20. Jahrhunderts, wurde mit Superlativen bedacht und als „König der Pianisten" oder als „Klaviergott" betitelt. Noch im russischen Kaiserreich in der Ukraine geboren und aufgewachsen, übersiedelte Vladimir Horowitz 1939 in die USA und erhielt die amerikanische Staatsbürgerschaft. Sein künstlerisches Leben war immer wieder von Krisen und depressiven Phasen bestimmt, sodass er jahrelang nicht vor Publikum auftrat oder für Aufnahmen zur Verfügung stand. Zudem hatte Horowitz eine Fülle von extravaganten Angewohnheiten. So gab er Konzerte stets nur nachmittags um 16 Uhr. Er spielte auch auf Konzerttourneen nur auf seinem alten Steinway-Flügel, den eine Spezialfirma jedes Mal aus dem Musikzimmer seines New Yorker Stadthauses heben musste. Als Begleitung akzeptierte er immer nur denselben Klavierstimmer, weil nur dieser genau wusste, wie Horowitz sein Instrument gestimmt haben wollte. Auch ein Gerät zum Entkeimen von Wasser war auf seinen Reisen stets dabei, damit nicht „irgendwelche fremden Chemikalien in meinen Körper dringen". Er verlangte abgedunkelte Zimmer, sodass in manchem Hotel schwarze Vorhänge angebracht wurden. Organisiert wurde die Befriedigung aller dieser Bedürfnisse von seiner Ehefrau Wanda, einer Tochter des großen Dirigenten Arturo Toscanini.

Auch die Ernährungsgewohnheiten von Vladimir Horowitz waren extravagant. Er wollte nämlich auf Tournee jeden Tag das Gleiche essen, täglich Seezunge. Um das Konzert keinesfalls zu gefährden, bekam er auch überall Seezunge. Weil dieser Plattfisch aber nicht immer erhältlich war, ließen die Veranstalter den begehrten Speisefisch sogar extra einfliegen, um Horowitz' Heißhunger darauf zu stillen.

Nach Jahrzehnten der Abwesenheit gerieten seine Konzertreisen nach Deutschland und Russland 1985/86 zu grandiosen Triumphen und waren riesige Medienereignisse. Bei seinem Moskaubesuch wohnte er in der amerikanischen Botschaft. Aufgrund seiner besonderen Wünsche meinte ein Botschaftsangehöriger, dass es leichter gewesen wäre, die Ankunft eines Symphonieorchesters vorzubereiten. Natürlich wurde ihm auch dort täglich Seezunge zubereitet.

Seezunge in Pistazien-Salbeibutter

4 Seezungenfilets
½ Bund Frühlingszwiebeln
20 g Pistazien, fein gehackt
1 EL Salbeiblätter, fein
gehackt
etwas Mehl
Salz, Pfeffer
50 g Butter
Salbei zum Garnieren

Die Seezungen waschen, trocken tupfen, salzen und pfeffern. Die Frühlingszwiebeln in Ringe schneiden. Die Hälfte der Butter erhitzen und die Frühlingszwiebeln darin bissfest dünsten. Die fein gehackten Pistazien und den Salbei dazugeben. Die Seezungenfilets in Mehl wenden und in der restlichen Butter auf beiden Seiten anbraten, sodass das Fleisch in der Mitte noch glasig ist. Mit der Pistazien-Salbeibutter anrichten und mit frischen Salbeiblättern garnieren.

Hausmannskost für den steirischen Prinzen

Johann wurde als 13. Kind des Großherzogs Leopold von Toscana, des späteren Kaisers Leopold II., und dessen Gattin Maria Ludovica in Florenz geboren. Sein besonderes Interesse galt den Naturwissenschaften und der Landwirtschaft. Die Steiermark wurde für Erzherzog Johann für viele Jahrzehnte Heimat und Wirkungsstätte. Er ging als der große Modernisierer in deren Geschichte ein. Viele auch heute noch bedeutende Einrichtungen und Institutionen gehen auf seine Initiative zurück, wie das Landesmuseum Joanneum, die Montanuniversität Leoben, die Technische Universität Graz, die Steiermärkische Landesbibliothek, das Landesarchiv oder auch die Landeslandwirtschaftskammer.

In den Jahren 1816 und 1817 kam es in der Steiermark zu einer Hungersnot und der Erzherzog verteilte persönlich Kartoffeln an die leidende Bevölkerung. Durch den Kartoffelanbau auf seinen eigenen Gütern trug er wesentlich dazu bei, dass sich diese Knollenfrucht durchsetzte. So verwundert es nicht, dass sich in den Aufzeichnungen der Köchinnen von Erzherzog Johann auch das Rezept für eine Erdäpfelsuppe findet.

Bei einem Besuch im steirischen Salzkammergut lernte der Erzherzog Anna Plochl kennen, die Tochter des Postmeisters von Bad Aussee. Sie übernahm den Haushalt seines Mustergutes „Brandhof" bei Mariazell. Da Johanns Bruder, Kaiser Franz, einer Eheschließung wegen der bürgerlichen Herkunft Annas lange nicht zustimmte, konnten die beiden erst 1829 heiraten. Anna Plochl kochte für ihren Ehemann mit großer Hingabe, wobei sie sich durchaus der hohen Qualität ihrer Kochkunst bewusst war: „Ihr Habsburger könnt's vielleicht besser regieren, aber kochen können wir Plochls besser." Ihr handschriftliches Kochbuch ist überliefert und manches dieser Gerichte zählt noch heute zu den steirischen Spezialitäten. Darunter zum Beispiel ein Rezept für Frühlingssuppe, die sie aus Karotten, Petersilie, Petersilienwurzeln, Sauerampferblättern, Zupfsalat, Kerbelkraut, Porree und Erbsen aus dem Küchengarten bereitete. In ihrem Kochbuch sind noch die alten Maße als Angabe verwendet: Loth, Quintel, Vierting, Pfund, Seidel oder Maß.

Es wurden in der Biedermeierzeit gerne Eier und viel Rahm verwendet. Gängig war die Veredelung von Brot in Form von Mehlspeisen, Pofesen, Semmelbrösel oder auch als Panadel, also als Weißbrotsuppe.

Kartoffelsuppe

350 g Kartoffeln
1 l Wasser
50 g Suppengrün
Salz, Pfeffer, Muskatnuss
1 Becher Crème fraîche
Schnittlauch und Croûtons
zum Servieren

Die Kartoffeln und das Suppengrün putzen, in Würfel schneiden und im Wasser weich kochen. Mit dem Mixstab fein pürieren, die Crème fraîche unterrühren und mit Salz, Pfeffer und Muskatnuss abschmecken. Mit Schnittlauch und Croûtons bestreut servieren.

Johannes Paul II.
Papst (1920–2005)

Polnische Küche für den polnischen Papst

Karol Kardinal Wojtyla, Erzbischof von Krakau, wurde im Jahr 1978 zum 264. Nachfolger des Heiligen Petrus gewählt. Johannes Paul II. war damit der erste Papst nicht-italienischer Herkunft nach 455 Jahren. Über 26 Jahre war er Oberhaupt der römisch-katholischen Kirche und hatte das zweitlängste Pontifikat in der Kirchengeschichte inne. Nur neun Jahre nach seinem Tod wurde Johannes Paul II. im April 2014 von Papst Franziskus heiliggesprochen.

Wenn sich Papst Johannes Paul II. im Vatikan aufhielt, lud er häufig Gäste zum Mittagessen ein, meist um dabei auch gleichzeitig vorzubereitende Dokumente oder Reisen zu besprechen. Von den Teilnehmern wird berichtet, dass die Tischgespräche mit viel Humor geführt wurden und der Papst in verschiedenen Sprachen scherzte.

Beim Essen wurde gewöhnlich italienische Küche mit polnischer Küche abgewechselt. Besonders an hohen Festtagen sollen aber die den Papst versorgenden polnischen Nonnen Gerichte aus seiner Heimat zubereitet haben. Es wurde Borschtsch serviert, eine in Osteuropa traditionelle und verbreitete Suppe aus Roten Rüben, die mit Einlagen aus Brot, Kartoffeln oder Nudelteig gereicht wird. Ein Gardist, selbst Koch, verrät in seinem Kochbuch der Schweizergarde, dass Papst Johannes Paul II. besonders gerne Rindsrouladen mit Rotkraut oder auch Piroggen gegessen hat. Das sind halbrunde Teigtaschen mit verschiedenen Füllungen, wie Speck, Käse, Pilzen oder Kartoffeln. Neben diesen polnischen Nationalgerichten mochte der Pontifex Maximus auch gerne Süßspeisen wie Palatschinken mit Topfenfülle.

Bei einem Besuch der südwestlich von Krakau liegenden Stadt Wadowice, dem Ort seiner Geburt und Jugend, erwähnte der Papst, dass er sich als Jugendlicher mit seinen Freunden gerne als besonderen Leckerbissen „Kremówka", eine Blätterteig-Cremeschnitte in Quadratstücken, bei einem Bäcker auf dem Marktplatz kaufte. Dabei erinnerte er sich auch, dass er nach der Ablegung der Matura mit den Mitschülern darüber gewettet hatte, wer von ihnen die meisten Cremeschnitten essen könne. Trotz 18 Stück hat er die Wette verloren. Nach seinem Besuch wurde der Kuchen in „Kremówka papieska", also Papst-Cremeschnitte, umbenannt.

Borschtsch

1–2 Rote Rüben	Essig
250 g Suppengemüse	Tomatenmark
200 g Kraut	1 Lorbeerblatt
1 große Zwiebel	250 ml Crème fraîche
100 g Rindfleisch	Sauerrahm und Dill
200 g Geselchtes	zum Garnieren
100 g Butterschmalz	
2 l Suppe	
Salz, Pfeffer	

Das Gemüse und die Zwiebel putzen und schälen, in Streifen schneiden und anschwitzen. Danach Essig und Tomatenmark zugeben und mit Suppe aufgießen. Das Fleisch im Ganzen und mit Pfeffer und Lorbeer mitkochen. Das gare Fleisch herausnehmen und die Suppe mit Crème fraîche binden. Mit Salz abschmecken. Zu jeder Portion Fleisch anrichten und die Suppe mit einem Löffel Sauerrahm und Dill garnieren.

Immanuel Kant

Deutscher Philosoph (1724–1804)

„Allein zu essen ist für einen philosophierenden Gelehrten ungesund.“

Immanuel Kant ist einer der überragenden Denker der abendländischen Philosophie. Seine „Kritik der reinen Vernunft" stellt den Beginn der modernen Philosophie dar. Seine Geburtsstadt Königsberg, das heutige Kaliningrad, hat Kant sein ganzes Leben praktisch nie verlassen, obwohl er mehrfach an andere deutsche Universitäten eingeladen wurde, um dort einen Lehrstuhl zu übernehmen. So außergewöhnlich seine Gedanken waren, so außergewöhnlich waren auch seine Essgewohnheiten.

Morgens um 4.45 Uhr ließ er sich von seinem Hausdiener mit den Worten „Es ist Zeit!" wecken. Kant frühstückte praktisch nicht, sondern wandte sich gleich seiner Forschung und der Lehrtätigkeit zu. Zentrale Bedeutung im Tagesablauf von Immanuel Kant hatte das Mittagessen, das äußerst ausgiebig war und immer drei bis vier Stunden dauerte. Er aß nie allein, sondern lud Gäste ein, da für ihn die Tischgespräche zumindest gleich wichtig waren wie das Essen selbst. Exakt um ein Uhr wurden die Gäste, die

immer so ausgewählt waren, dass unterschiedliche Meinungen aufeinandertrafen, in das Speisezimmer geführt. Wie in allen Bereichen des Lebens hatte Kant klare Regeln aufgestellt, so auch bei der Anzahl der immer sechs Mittagsgäste. Kant war als Gastgeber großzügig und unterhielt seine Gäste mit „Witz und Laune". Das Mittagsmahl bestand aus drei Gängen. Zuerst eine Fleischsuppe mit Nudeln oder Rollgerste als Einlage. Als zweiten Gang gab es regionale und bodenständige Speisen, wie „durchgeschlagene Hülsenfrüchte", also passierte Erbsen und Bohnen, die Kant gerne mit „Schweinsklauen" aß. Es folgte meist noch ein Braten, am liebsten waren ihm Schopfbraten mit englischem Senf oder Kabeljau.

Da Kant das Abendessen ausließ, lag zwischen seinen Mahlzeiten immer ein halber Tag. Daher aß er „so stark und viel, dass er sich den Bauch davon füllte", wie einer der wöchentlichen Gäste berichtete.

Nicht nur seine Philosophie hat dauerhaft Gültigkeit, sondern vielleicht auch seine Anschauung zur Ernährung: „Gut Essen und Trinken ist die wahre Metaphysik des Lebens."

Englisches Erbsenpüree

350 g Erbsen (aufgetaut oder frisch)
½ Bund Frühlingszwiebeln
2 EL Butter
3–4 Stängel frische Minze
Salz, Pfeffer, Zucker

Die Frühlingszwiebeln fein hacken, mit den Erbsen in Butter weich dünsten. Mit dem Pürierstab mixen, die Minze fein hacken, untermischen und mit Zucker, Salz und Pfeffer abschmecken. Erbsenpüree ist eine klassische Beilage zu englischen Fischgerichten.

Milon von Kroton

Griechischer Ringkämpfer und Olympionike (um 555 v. Chr–um 510 v. Chr.)

**Fleischberge auf dem Weg
zu olympischem Ruhm**

Er gilt als der größte Athlet der Antike. Der Ringer Milon von Kroton war ein Superstar seiner Zeit. Am Ende seiner Karriere, die annähernd 30 Jahre dauerte, konnte er auf enorme Erfolge zurückblicken. Sechs Siege in Olympia, sechs Siege bei den Pythischen Spielen in Delphi, zehn Siege bei den Isthmischen Spielen in Korinth und neun Siege bei den Spielen in Nemea. Damit errang er auch sechs Mal den Ehrentitel „Periodonike", der jenen Athleten verliehen wurde, die alle vier panhellenischen Spiele innerhalb eines Umlaufs gewannen. Heute würde dieser Erfolg als „Grand Slam" bezeichnet werden.

Derartig erfolgreiche Sportler genossen im alten Griechenland einen Status, der einem Halbgott ähnlich war. Ihre Leistungen wurden von ihren Anhängern noch weiter überhöht. Die gewaltigen Körperkräfte führten sie vor allem auch auf die Ernährung zurück. So soll Milon von Kroton täglich mehr als acht Kilogramm Fleisch, gleichviel Brot und zehn Liter Wein verzehrt haben.

Auch wenn diese Mengenangaben wohl übertrieben sind, so stand doch Fleisch auf der Speisekarte der antiken Schwerathleten ganz oben. Da es weder beim Faustkampf noch beim Pankration und auch nicht beim Ringkampf Ge-

wichtsklassen gab, war das Körpergewicht von entscheidender Bedeutung. Der größte Teil der täglichen Eiweißration bestand aus Schweinefleisch, da Rinder im antiken Griechenland vor allem als Arbeitstiere gehalten und Schafe wegen ihrer Wolle geschätzt wurden.

Mit dem Zusammenhang zwischen Leistung der antiken Athleten und deren Ernährungs- und Trainingsverhalten beschäftigte sich der Philosoph Epiktet in seinem *Handbüchlein der Moral*: „Du musst dich einer strengen Disziplin unterwerfen, eine Diät einhalten, darfst keinen Kuchen mehr essen, musst nach einem genauen Plan trainieren – zu festgesetzter Zeit, bei Hitze und Kälte. Dann darfst du kein kaltes Wasser und keinen Wein trinken, wenn du Lust dazu hast, du hast dich dem Trainer wie einem Arzt auszuliefern."

Dass nicht alle Athleten diese Konsequenz aufbrachten, beklagte zum Beispiel der griechische Arzt Galen aus Pergamon: „Die Athleten führen ein Leben wie die Schweine. Ihr ganzes Tun besteht aus Essen, Trinken, Schlafen und Verdauen. Nur die Fleischmasse wird unmäßig entwickelt, alle anderen Fähigkeiten gehen zugrunde." Doch Milon von Kroton war auch dabei vorbildlich. Er war Anhänger des Philosophen und Mathematikers Pythagoras und erfolgreicher Heerführer für seine Heimatstadt.

Thomas Edward Lawrence

Britischer Offizier (1888–1935)

Die Köstlichkeit der einfachen Dinge

Er war Soldat, Geheimagent, Archäologe, Schriftsteller und wurde als „Lawrence von Arabien" bekannt. Während des Ersten Weltkrieges unterstützte er die Araber in ihrem schließlich erfolgreichen Kampf gegen die osmanische Herrschaft. Thomas Edward Lawrence wurde schon zu Lebzeiten eine Legende, da ihn ein Kriegsberichterstatter begleitete und dieser dann an die 2 000 Mal seinen Vortrag über den „Fürsten von Mekka" hielt. Lawrence veröffentlichte seine Erlebnisse unter dem Titel *Die sieben Säulen der Weisheit*. Angelehnt an seinen Bericht erfolgte 1962 die mit sieben Oscars prämierte Verfilmung mit Peter O'Toole in der Titelrolle des „Lawrence von Arabien".

Sein Wanderleben in der Wüste war nicht einfach und oft von großen Entbehrungen und Hunger gekennzeichnet. Der Fund von Straußeneiern wurde als besonderer Glücksfall gefeiert. Da in der Öde der Wüste kein Brennmaterial aufzutreiben war, musste er sich anders behelfen. Er nahm etwas Nitrozellulose, auch „Schießbaumwolle" genannt, entfachte den Sprengstoff sehr vorsichtig und konnte so die Eier kochen, die aber hart wie Stein wurden. Obwohl er mit dem Messer immer nur kleine Stücke herausbrechen konnte, waren die Straußeneier trotzdem ein besonderes Festmahl.

Auch wenn Lawrence im Lager des von ihm unterstützten Emirs Faisal aß, der später König von Syrien und dann auch des Iraks wurde, war die Kost einfach. Am Morgen gab es bitteren Kaffee oder süßen Tee und dazu einige Feigen. Zum Mittagessen brachte man Bohnen, Linsen, Spinat oder süße Fladen. Der Emir aß überhaupt sehr wenig und tat oft nur so, als würde er essen, indem er die Speisen leicht berührte. War Lawrence zu einem Festmahl der arabischen Nomaden eingeladen, konnte er auch Kabsa genießen, ein Reisgericht mit Stücken von Schaffleisch, das stark gewürzt und mit Mandeln verfeinert wird.

Die Wüste hat ihn für das karge und gefährliche Leben entschädigt: „Wir alle waren überwältigt, wegen der Weite des Landes, des Geschmacks des Windes, des Sonnenlichts und der Hoffnungen, für die wir arbeiteten."

Wenn es einem mangelt, werden die einfachsten Dinge zu Köstlichkeiten, meinte Thomas Edward Lawrence: „Eigentlich gibt es kaum etwas Schöneres auf Erden als Durst, den man stillen kann. Drei Tage Wüste ohne Getränke und dann einen Eimer Wasser, das ist der Himmel auf Erden."

Lammtajine mit Mandeln

750 g Lammkeule, ausgelöst
2 große Zwiebeln
2 EL Ras el-Hanout
25 g Mandeln, geschält
25 g Rosinen
Pflanzenöl

Das Lammfleisch in etwa 3 cm große Würfel schneiden. Die Zwiebel grob schneiden, mit Öl und Ras el-Hanout (Gewürzmischung) vermengen und das Fleisch darin über Nacht marinieren. Am nächsten Tag das Fleisch portionsweise anbraten. In eine Tajine geben und die Rosinen hinzufügen. Den Deckel aufsetzen und bei niedriger Temperatur zwei Stunden schmoren, bis das Fleisch weich ist. Kurz vor Ende der Garzeit Mandeln über das Gericht streuen. Als Beilage eignet sich Couscous.

Kinderfreundliche Einfachheit

Die Geschichten über Pippi Langstrumpf, die Kinder aus Bullerbü, Karlsson vom Dach, Michel aus Lönneberga oder Ronja Räubertochter kennt fast jedes Kind. Als Schöpferin all dieser Figuren ist Astrid Lindgren eine der meist gelesenen Kinderbuchautorinnen der Welt. Ihr Werk hat eine Gesamtauflage von über 145 Millionen Exemplaren erreicht. Die eigene Kindheit hat Astrid Lindgren als besonders glücklich beschrieben, weil sie Geborgenheit und Freiheit genießen durfte. Vielleicht wurde sie dadurch zur Schöpferin von Kindergeschichten. Pippi Langstrumpf erdachte sie im Winter 1941 für ihre kranke Tochter als Geburtstagsgeschenk. Die Veröffentlichung erfolgte erst später.

In den Geschichten von Astrid Lindgren geht es immer wieder auch ums Essen. Sie selbst mochte ein Leben lang am liebsten die einfachen Speisen ihrer Kindheit im südschwedischen Småland, besonders den Speck von selbst aufgezogenen Schweinen und selbst gebackenes Schwarzbrot. Das Leibgericht vieler Schweden fehlt natürlich auch nicht in ihren Geschichten.

Karlsson vom Dach schwärmt für Köttbullar, die kleinen Fleischbällchen. Astrid Lindgren schildert genau, wie die Mutter die große Bratpfanne schüttelt, die Fleischbällchen darin herumhüpfen, der Geruch sich verteilt und Karlsson vom Dach auf einmal still steht und wie ein Hühnerhund nach seinem Lieblingsgericht schnuppert. Das schwedische Nationalgericht aus Faschiertem wird gerne mit Kartoffeln oder Kartoffelpüree und mit brauner Soße, dazu Preiselbeermarmelade, serviert. Ganz traditionell verwendet man als Ausgangsprodukt Elchfleisch.

Karlsson vom Dach hat noch eine kulinarische Vorliebe, auf die er es besonders abgesehen hat. Zimtwecken, die durch Kardamom besonders schmackhaft werden.

Pippi Langstrumpf hingegen schwärmt für Pfefferkuchen, also Lebkuchen, die sie auch selber bäckt. Man sollte ihre Technik vielleicht nicht nachahmen, da Pippi den Teig dafür auf dem Fußboden der Villa Kunterbunt ausrollt, weil für sie ein Backblech nicht ausreicht, um auf einmal mindestens 500 Pfefferkuchen zu backen.

Köttbullar

1 Zwiebel
200 ml Schlagobers
50 g Semmelbrösel
1 Ei
400 g gemischtes Faschiertes
Salz, Pfeffer
Piment
etwas Butter oder Öl

Die Zwiebel fein hacken und in Öl hellbraun anrösten. Überkühlen lassen. Die Semmelbrösel in der Hälfte des Schlagobers einweichen. Das Faschierte mit den Zwiebeln, Bröseln und dem Ei vermischen, dann mit Salz, Pfeffer und etwas Piment abschmecken. Aus der Masse kleine Bällchen formen und diese anbraten. Wenn sie gar sind, aus der Pfanne nehmen und warm stellen. Den Bratensatz mit dem restlichen Schlagobers aufgießen, eventuell nachwürzen. Die Köttbullar mit Salzkartoffeln und Preiselbeermarmelade anrichten und mit der Soße übergießen.

Adolf Loos

Österreichischer Architekt und Kulturpublizist (1870–1933)

Keine Ornamente in der Küche

Er war einer der richtungsweisenden Architekten, der vor allem in Wien viele Geschäftslokale, Privatvillen, Wohnhausanlagen, Bürohäuser und Inneneinrichtungen schuf. Sein bekanntestes Bauwerk ist das „Looshaus" am Michaelerplatz. Wegen der fehlenden Fensterbekrönungen wurde es „Haus ohne Augenbrauen" genannt. Kaiser Franz Joseph soll die Hofburg nicht mehr durch das Michaelertor verlassen haben, weil er dieses Haus nicht sehen wollte. Adolf Loos war ein „Fanatiker der Schmucklosigkeit", der Ornamente geradezu für ein Verbrechen hielt.

Diesen radikalen Ideen bleib er auch bei Tisch treu. In seinen Werken beschäftigte er sich mit den Fragen, was, wie, womit und wo man isst. In allen seinen Villenbauten und Wohnungseinrichtungen sah er immer auch ein Speisezimmer vor.

Adolf Loos stellte noch 1903 fest, „dass man in keiner Stadt der Welt so gut speist wie in Wien". Doch nach einer Reise nach Frankreich wandelte sich diese Einstellung und er erhob die französische Küche zum Ideal. Er wetterte öffentlich etwa gegen die seiner Meinung nach grobe Unart der Wiener Küche, Speisen zu umhüllen: „Das Schnitzel in der Panier, die Marille im Knödel, das Faschierte im Paprika." Auch mochte er es nicht, Lebensmittel ihrer natürlichen Form zu berauben. Darum verachtete er auch den Cremespinat: „Der passierte Spinat wird deshalb gemacht, damit man nicht merkt, dass er schlecht gewaschen ist."

Von Frankreich hat er auch sein Leibgericht „Pot-au-feu", den „Topf auf dem Feuer" mitgebracht, einen Eintopf, der aus Rindfleisch und Gemüse besteht.

Adolf Loos litt unter Magengeschwüren, von denen ihn kein Arzt befreien konnte. Daher erfand er für sich eine Diät, die wohl nicht den heutigen Ernährungsempfehlungen entspricht. Er aß in den Jahren vor dem Ersten Weltkrieg praktisch nur Schinken und Obers. In seiner Tasche trug er immer ein großes Stück Schinken mit sich, von dem er abbiss, wenn er Hunger hatte. Auch nahm er immer ein Fläschchen Obers mit, das er mehrmals täglich in der Milchhalle anfüllte. Er fühlte sich dabei gesund und die Magengeschwüre schienen verheilt. Wegen der Lebensmittelknappheit während des Krieges musste er jedoch zu der von ihm verachteten Einbrennsuppe zurückkehren.

Das Lieblingsgetränk des häufigen Barbesuchers Adolf Loos war der „Feingespritzte", also Sekt oder Champagner mit einem Schuss Sodawasser.

Pot-au-feu

1 kg Rindfleisch	1 Zwiebel
1 Lauchstangen	Salz, Pfeffer
300 g Karotten	Kartoffeln
4 Teltower Rübchen	scharfer Senf
3 Selleriestangen	

Das Fleisch in kaltem Wasser mit dem gesamten Gemüse zustellen und mit Salz und Pfeffer würzen. Aufkochen lassen, zurückschalten und die Suppe 3 Stunden köcheln lassen. Eine Stunde vor Ende der Kochzeit die Kartoffeln hinzufügen.

Lucius Licinius Lucullus

Römischer Konsul und Feldherr (117–56 v. Chr.)

Opulente Gastmähler mit Weichseln aus Kleinasien

Hätte Lucullus nicht luxuriöse Gastmähler veranstaltet, wäre er als einer der vielen römischen Feldherren und Konsuln heute nur mehr wenigen Menschen bekannt. Nachdem er seine militärische und politische Karriere beendet hatte, widmete er sich aber nur mehr seinen kulinarischen Leidenschaften und sein Name wird sprichwörtlich für ein grandioses Festmahl verwendet.

Als Feldherr führte Lucius Licinius Lucullus das römische Heer nach Kleinasien und eroberte das Königreich Pontos am Schwarzen Meer. Von diesem Feldzug brachte Lucullus die Sauerkirsche mit nach Europa. Nach der Küstenstadt Cerasus am Schwarzen Meer, dem heutigen türkischen Giresun, bekam die Sauerkirsche auch ihre botanische Bezeichnung „Prunus cerasus" und in fast allen europäischen Sprachen lässt ihr Name auf das römische Cerasus schließen. Von Italien aus wurden die Weichseln dann in kurzer Zeit in allen Provinzen des Römischen Reichs verbreitet.

Auch enorme Reichtümer konnte Lucullus als erfolgreicher Feldherr erbeuten, die ihm einen luxuriösen Lebensstil ermöglichten. Er besaß Villen in Rom und Neapel, hatte eine riesige öffentlich zugängliche Bibliothek griechischer Bücher und eine Kunstsammlung. Lucullus ließ nach persischem Vorbild die ersten Luxusgärten im antiken Rom anlegen, in denen sicher auch Weichselbäume gepflanzt wurden. Es wurden Terrassen und Treppen angelegt, um die Höhendifferenzen auszugleichen, wobei das Zentrum seines Villenkomplexes an der heutigen „Spanischen Treppe" lag.

In allgemeiner Erinnerung ist Lucullus als großzügiger Gastgeber geblieben, der mit der Mannigfaltigkeit der Speisen und der Raffinesse ihrer Zubereitung und Präsentation seine Zeitgenossen erstaunte.

Er hat aber seine Gastmähler nicht nur genossen, sondern war auch stolz auf sie. So soll er Griechen, die nach Rom gekommen waren, mehrere Tage hintereinander bewirtet haben. Da es diesen unangenehm war, dass er ihretwegen so hohe Kosten hatte, lehnten sie eine weitere Einladung ab. Lucullus meinte aber dazu: „Manche Ausgaben geschehen auch Ihnen zuliebe, ehrwürdige Griechen, doch der größte Teil dem Lucullus zuliebe."

Auch allein liebte er es, gut zu speisen. Man hatte, da keine Gäste erwartet wurden, nur ein einfaches Mahl für ihn vorbereitet. Er rügte daraufhin seine Diener: „Wie, ihr wusstest nicht, dass Lucullus heute den Lucullus bewirtet?"

Weichselauflauf

600 g entkernte Weichseln
200 g Zucker
120 g Weizenmehl
3 Eier
300 ml Milch
1 Pkg. Vanillezucker
1 Prise Salz
Staubzucker zum Bestreuen

Die Weichseln mit der Hälfte des Zuckers vermischen und durchziehen lassen. Die Eier trennen, mit Mehl, Eidotter, Vollmilch, dem restlichen Zucker, Vanillezucker und Salz zu einem glatten Teig rühren. Die Eiklar zu Schnee schlagen und unterheben. Die Weichseln in einer ausgebutterten Auflaufform verteilen und den Teig darauf gießen. Für etwa 40 Minuten bei mittlerer Hitze backen. Auskühlen lassen und mit Staubzucker bestreut servieren.

Ludwig XIV.

Französischer König (1638–1715)

Wärme für den Salat des Sonnenkönigs

72 Jahre herrschte König Ludwig XIV. über Frankreich und ist als „Sonnenkönig" in die Geschichte eingegangen. Seine Herrschaft war damit länger als die jedes anderen europäischen Regenten in der Geschichte. „Der Staat bin ich!", war das Selbstverständnis eines absoluten Monarchen. Die unglaubliche Größe und Pracht seiner Residenz, des Schlosses von Versailles, diente als Vorbild für andere Schlossbauten in Europa. Während seiner Regentschaft kam es nicht nur zu einer Vergrößerung des politischen Gewichts und der militärischen Macht Frankreichs, sondern auch zu einem wesentlichen Kulturaufschwung, der die klassische französische Küche entstehen ließ. Es wurden viele neue Rezepte kreiert und es änderten sich die Art der Zubereitung und der Stil der Präsentation. Zugunsten des natürlichen Geschmacks der Lebensmittel wurde auf eine massive Anwendung von Gewürzen oder Zucker verzichtet. Die Speisen wurden nun geteilt und nacheinander serviert und nicht wie bisher in der Form großer Pyramiden mit verschiedenen Arten von Fleisch.

König Ludwig XIV. war ein unmäßiger Esser. Seine Schwägerin Lieselotte von der Pfalz schildert dies in einem ihrer vielen Briefe aus Versailles in ihre pfälzische Heimat: „Ich habe oft den König vier Teller verschiedener Suppen essen sehen, einen ganzen Fasanen, ein Rebhuhn, einen großen Teller mit Salat, zwei große Scheiben Schinken, mit Knoblauch zubereitetes Hammelfleisch mit Brühe, einen Teller voller Backwaren und dann noch Obst und harte Eier." Liselotte selbst vermisste die deutschen Speisen und wollte lieber Sauerkraut, Grünkohl oder Rindfleisch mit Kren essen.

Besonders schätzte König Ludwig XIV. aber Obst und Gemüse. Daher wurde als Teil des Schlossparks von Versailles auch ein „Küchengarten des Königs" geplant und 1683 auf neun Hektar Gesamtfläche fertiggestellt. Unter seinem Direktor Jean-Baptiste de la Quintinie lieferte der Garten in der Saison täglich 150 Melonen und 4 000 Feigen für den königlichen Hof. Unzählige Apfel- und Birnensorten, Beerenobst und Gemüsearten in großer Variation wurden hier kultiviert. Besonders Kopfsalat, den der König immer wünschte und in großer Menge aß. Dieser wurde nicht nur im Freiland angebaut, sondern es gab bereits witterungsgeschützte Kultivierungsverfahren, um den Erntezeitraum möglichst auszudehnen.

Martin Luther

Deutscher Reformator (1483–1546)

„Iss, was gar ist, trink, was klar ist, red' was wahr ist."

Bruder Martinus Lüder war ein Mönch aus dem Orden der Augustiner-Eremiten, als er 1507 in das bescheidene Wittenberg kam, um dort als Theologieprofessor zu lehren. Als Martin Luther 1546 starb, gab es dort eine blühende Universität voller Gelehrter und Studenten. Dazwischen lagen sein Kampf gegen den Ablasshandel, seine 95 Thesen, seine Bibelübersetzung ins Deutsche, die Reformation und die Kirchenspaltung. Dazwischen lag auch die Eheschließung mit der ehemaligen Nonne Katharina von Bora. Sie führte Martin Luther den Haushalt und vor allem auch die Haushaltskasse, mit der er nur wenig umgehen konnte. Sie versorgte im großen Wohnhaus nicht nur die gemeinsamen sechs Kindern, sondern auch die sechs Kinder von Luthers Schwester und die Studenten, die ebenfalls dort Herberge hatten. Es sollen zeitweise um die 40 Studenten bei der Familie logiert haben, für die Frau Luther täglich zwei Mal warm kochte, an den etwa 70 Fastentagen im Jahr nur einmal.

Vor einigen Jahren ist es gelungen, in Luthers Haus in Wittenberg, in dem dieser mehr als drei Jahrzehnte gewohnt hat, einen gut erhaltenen großen Kellerraum freizulegen. Aus den Funden und den pflanzlichen Überresten und Tierknochen einer Abfallgrube am Elternhaus Luthers in Mansfeld ließen sich die Speisegewohnheiten der Familie feststellen. Demnach kam überwiegend Schweinefleisch auf den Tisch. Aber auch Fische wie Barsche, Zander und Hechte sowie Geflügel standen auf dem Speiseplan. Es fanden sich auch Reste von gebratenen Singvögeln. Eine Zusammenstellung, die für das Mittelalter nicht ungewöhnlich war.

Auch waren viele Getreidereste in den Abfällen enthalten, da Brotbacken damals zu den normalen Tätigkeiten im Haushalt gehörte, genauso wie Bierbrauen. Das war in jeder größeren Hauswirtschaft üblich, auch im Hause Luther. Weil das Wasser in den Städten viel zu verschmutzt war, wurde vor allem Bier getrunken. Doch Luther mahnt: „Trinken ohne Durst, Studieren ohne Lust, Beten ohne Innigkeit – sind verlorene Arbeit."

Martin Luther soll „gebratenen Salzhering auf Erbsschnee" besonders geschätzt haben.

„Darf unser Herr Gott gute große Hechte, auch guten Rheinwein schaffen, so darf ich sie wohl auch essen und trinken", soll er gesagt haben.

Hecht in Pfefferrahmsoße

4 Hechtfilets
1 Zwiebel, fein gehackt
250 ml Schlagobers
75 ml Weißwein
1 EL rosa Pfefferkörner
Salz, Pfeffer
etwas Mehl

Die Hechtfilets trocken tupfen, salzen, pfeffern und in Mehl wenden. Öl in einer Pfanne erhitzen und die Filets auf beiden Seiten scharf anbraten. Aus der Pfanne nehmen und beiseite stellen. Die Zwiebel in die Pfanne geben und glasig anbraten. Den rosa Pfeffer hinzugeben und kurz mitbraten. Mit Weißwein ablöschen und mit Schlagobers aufgießen. Die Soße etwas mit Mehl stauben, dann die Filets in die Soße legen und kurz mitkochen. Der Fisch sollte innen noch glasig sein. Mit Salzkartoffeln servieren.

Karl May
Deutscher Schriftsteller (1842–1912)

Warmbier und Bärentatzen

Die weltweite Gesamtauflage der Werke Karl Mays beträgt bisher rund 200 Millionen Bücher, die in insgesamt 40 Sprachen erschienen sind. Karl May ist somit einer der meistgelesenen und am häufigsten übersetzten Schriftsteller deutscher Sprache. Er hatte eine unwahrscheinlich hohe Schreibleistung von über 1400 Seiten pro Jahr, obwohl er die Schauplätze seiner Romane im Vorderen Orient oder im Wilden Westen selbst nie gesehen hat.

Seine Kindheit war hart und es mangelte an fast allem. Seine bitterarmen Eltern konnten die Kinder kaum versorgen. „Wir baten uns von unserm Nachbar, dem Gastwirt „Zur Stadt Glauchau", des Mittags die Kartoffelschalen aus, um die wenigen Brocken, die vielleicht noch daran hingen, zu einer Hungersuppe zu verwenden." Karl May erinnerte sich später in seinen Memoiren *Mein Leben und Streben* mit Schaudern: „Wir gingen nach der roten Mühle und ließen uns einige Handvoll Beutelstaub und Spelzenabfall schenken, um irgendetwas Nahrungsmittelähnliches daraus zu machen."

Um mit diesem schweren Leben fertig zu werden, flüchtet er sich in die Fantasie, als er mit zwölf heimlich beginnt, Abenteuerromane zu lesen.

In seinen Werken beschreibt Karl May oft Speisen, die äußerst gewöhnungsbedürftig wären. So setzt sich Kara Ben Nemsi mit dem Verzehr eines gekochten Igels auseinander. Sam Hawkins führt im ersten Band von „Winnetou" das Greenhorn Old Shatterhand in den wahren Genuss von Bärentatzen ein: „Sie müssen längere Zeit liegen, bis sie den gehörigen Hautgout bekommen haben. Am delikatesten sind sie, wenn sie schon von Würmern durchbohrt sind."

In der Wirklichkeit mochte es Karl May im Gegensatz zu seinen Romanfiguren recht bodenständig: „Meine Lieblingsspeise ist Brathuhn mit Reis." Außerdem mochte er Kartoffelkuchen, einen süßen Blechkuchen aus Germteig und geriebenen Kartoffeln. So schrieb er auf einer Postkarte: „Hast Du mich lieb, musst Du versuchen / Noch einmal den Kartoffelkuchen. / Ich zeig mit Telegraph Dir an, / Wenn ich ganz sicher kommen kann."

Karl May ließ die Figuren in seinen Werken oft Bier trinken und auch er selbst mochte es. Besonders aber Warmbier, eine Mischung seiner sächsischen Heimat aus Bier und Milch, das man auch zu Biersuppe verarbeiten kann.

Kartoffelkuchen

500 g Mehl
½ Pkg Germ
250 ml Milch
400 g gekochte Kartoffeln
150 g Butter
4 Eier
5 EL Zucker
½ TL Salz
Zimt, Zucker, Butter

Germ in der lauwarmen Milch auflösen, mit dem Zucker und der Prise Salz mischen und das „Dampfl" gehen lassen. Die Kartoffeln durchpressen, die Butter erwärmen, sodass sie flüssig ist und mit dem Mehl und den Eiern einen glatten Teig kneten. Nochmals gehen lassen. Den Teig auf ein befettetes Blech ausrollen, mit zerlassener Butter bestreichen, mit Zimt und Zucker bestreuen und etwa eine halbe Stunde bei 180 °C backen. Noch warm servieren.

Karl der Große

Römisch-deutscher Kaiser (747[?]–814)

Der Vater Europas schätzte Wildbret über alles

Karl aus dem Geschlecht der Karolinger war König des Fränkischen Reiches und mit der Krönung in Rom am Weihnachtstag des Jahres 800 auch römisch-deutscher Kaiser. Bereits zu seinen Lebzeiten erhielt er den Beinamen „der Große" und sein Ruhm überdauerte zwölf Jahrhunderte. Mit seiner Politik legte er die Fundamente des christlichen Abendlandes und als „Vater Europas" wirkt er bis heute.

Karl war jahrzehntelang immer in seinem Reich von Pfalz zu Pfalz gereist. Erst die letzten 20 Jahre seines Lebens wurde er in Aachen sesshaft. Kulinarischen Genüssen war er nie abgeneigt.

Ein hervorragender fränkischer Gelehrter namens Einhard verfasste als sein bedeutendstes Werk die Biografie Karls des Großen, die *Vita Karoli Magni*. Darin beschäftigt er sich auch mit den kulinarischen Vorlieben der Kaisers: „Die tägliche Abendmahlzeit wurde in nur vier Gängen dargereicht, außer dem Braten, den ihm die Jäger an Bratspießen zu bringen pfleg-

ten und den er lieber als jede andere Speise aß." Dazu soll er Erbsen gegessen haben, die er einzeln mit den Fingern auf byzantinische Art in parfümiertes Wasser tauchte.

Karl trank verhältnismäßig wenig Wein und verabscheute die Trunksucht. Er soll nicht nur Traubenwein, sondern vor allem auch den alkoholärmeren Cider, also Apfelwein, getrunken haben. In seinen Erlässen regelte er die Herstellung von Apfel- und Birnenweinen.

Auf das Essen wollte er nie verzichten und klagte häufig darüber, dass das Fasten seiner Gesundheit schade. Seine Ernährungsgewohnheiten stellte er auch nicht um, als sich sein Gesundheitszustand verschlechterte, wie es sein Biograf Einhard schildert: „Seine Gesundheit war gut, außer dass er in den letzten vier Jahren vor seinem Tod häufig von Fiebern ergriffen wurde und auch mit einem Fuße hinkte. Aber auch damals folgte er mehr seinem eigenen Gutdünken als dem Rat der Ärzte, die ihm beinahe verhasst waren, weil sie ihm rieten, dem Braten, den er zu speisen pflegte, zu entsagen und sich an gesottenes Fleisch zu halten."

Hirschgulasch

1 kg Hirschfleisch (Schulter)
2 große Zwiebeln
Wurzelwerk (Karotten, Sellerie, Pastinaken)
2 EL Tomatenmark
300 ml Rotwein
Wildfond nach Bedarf
Öl zum Anbraten
5 EL Preiselbeermarmelade
Pfeffer, Salz
1 TL Wacholderbeeren

Das Fleisch abwaschen, trocknen und in etwa 5 cm große Stücke schneiden. Die Stücke in kleinen Portionen bei großer Hitze im heißen Öl rundherum anbraten und pfeffern, dann herausnehmen. Die Zwiebeln und das Wurzelwerk grob würfeln und anbraten, das Tomatenmark zugeben und anrösten. Das Fleisch wieder hinzufügen. Mit Rotwein ablöschen und die Wacholderbeeren beigeben. Das Fleisch langsam schmoren lassen, bis es gar ist. Bei Bedarf mit etwas Wildfond aufgießen. Das Fleisch nochmals herausnehmen, das Wurzelwerk pürieren und die Soße mit Salz und Pfeffer abschmecken. Die Soße mit Preiselbeermarmelade verfeinern, das Fleisch wieder hinzugeben. Mit Spätzle oder breiten Nudeln servieren.

Katharina die Große

Russische Zarin (1729–1796)

Beim Essen war sie nicht groß

Geboren wurde Katharina II. von Russland als Sophie Auguste Friederike von Anhalt-Zerbst-Dornburg im damals preußischen Stettin. Vor ihrer Heirat mit dem russischen Thronfolger Peter konvertierte sie zum orthodoxen Glauben und erhielt den Namen Jekaterina, also Katharina. Nach der Abdankung ihres Gatten regierte sie für 34 Jahre Russland als Zarin. Sie ist die einzige Frau weltweit, die als Monarchin von der Geschichtsschreibung den Beinamen „die Große" bekommen hat.

In ihrer Regierungszeit versuchten sich die Fürsten auch bei den Festessen im Prunk zu überbieten. Zarin Katharina, die sich selbst wohl mit etwas Augenzwinkern eine „arme Witwe" nannte, war in ihren kulinarischen Bedürfnissen dagegen eher anspruchslos.

So soll sie zu Mittag nur mäßig gegessen und dabei einfache Speisen bevorzugt haben, wie etwa gekochtes Rindfleisch mit Salzgurken oder die für Russland typische Kascha, einen Brei aus grob zerkleinerten Getreidekörnern, typischerweise aus Buchweizen, verfeinert mit Rahm oder Butter. Eine Suppe gehörte so wie heute zu jedem guten russischen Mittagessen. Daher wurde der Zarin häufig „Schtschi" serviert. Diese in Russland beliebte Kohlsuppe besteht aus Sauerkraut in einer Fleischsuppe und köchelt viele Stunden bei geringer Hitze. Da Katharina zu Übergewicht neigte, hielt sie Diät und fastete zweimal wöchentlich. An solchen Tagen wurden nur gekochter Fisch, Gemüse und Obst serviert. Als Getränk bevorzugte sie in Wasser aufgelöstes Johannisbeer-Gelee. Alkohol trank Zarin Katharina kaum, im Gegensatz zu ihrem Volk, das schon damals gerne zum Wodka griff. Diese Leidenschaft für das „Wässerchen" war für die Staatseinnahmen von zentraler Bedeutung, gehörten doch die Erlöse aus dem Verkauf von Wodka mit der Kopfsteuer, den Zolleinnahmen und dem Salzverkauf zu den vier wichtigsten Geldquellen.

Im Gegensatz zu Katharina soll ihr jahrelanger Begleiter und politischer Berater Fürst Grigori Alexandrowitsch Potjomkin ein Schlemmer gewesen sein. Vor schwerwiegenden Entscheidungen soll er viel gegessen haben, so „wie eine Lokomotive Kohle braucht." Am liebsten Störsuppe aus jungen Fischen des Kaspischen Meeres.

Schtschi

700 g Rindfleisch zum Kochen 2 l Wasser 250 g Zwiebeln 750 g Weißkraut 1 Bund Suppengrün 500 g Kartoffeln 4 EL Öl 2 Knoblauchzehen Salz, Pfeffer	Das Fleisch in etwa 2 Liter Wasser zustellen und langsam erhitzen. Salz und Pfeffer hinzufügen und den Schaum abschöpfen. Das Fleisch so lange leicht köcheln lassen, bis es gar ist. Die Zwiebeln und den Knoblauch in Ringe schneiden, den Kraut in Streifen schneiden. Das Suppengrün klein schneiden. Die Kartoffeln in Würfel schneiden. Das Öl in einem Topf erhitzen, die Zwiebeln und den Knoblauch glasig dünsten. Kohl und Suppengrün zugeben und bei geringer Hitze etwa 10 Minuten garen. Das Fleisch aus der Suppe nehmen und in Würfel schneiden. Das Gemüse und das Fleisch zusammen mit den Kartoffelwürfeln in die Suppe geben und 20 Minuten fertiggaren. Mit Salz und Pfeffer abschmecken.

Katharina von Medici

Königin von Frankreich (1519–1589)

Italienische Mutter der französischen Küche

Gleich zwei Päpste nahmen sich der Tochter des Herzogs von Urbino aus der Familie der Medici an, die schon als Säugling zur Waise wurde. Im Rahmen der europäischen Macht- und Heiratspolitik wurde Katharina als erst dreizehnjähriges Mädchen mit dem französischen Prinzen Heinrich de' Valois, dem zukünftigen König Frankreichs, Heinrich II., verheiratet. Viele Jahre nahm sie wesentlichen Einfluss auf die Regierung Frankreichs.

Bei ihrem Umzug an den französischen Hof wurde die junge Katharina von einem großen Gefolge begleitet, dem auch florentinische Köche angehörten. Damit sollen viele Geheimnisse der italienischen Küche und insbesondere das Wissen um die Herstellung von Süßwaren und Desserts nach Frankreich gekommen sein. Auch wird berichtet, dass es erst mit der Ankunft Katharina von Medicis in Frankreich zur Trennung der salzigen und süßen Gerichte während des Essens kam.

Bei ihrer Hochzeit 1533 in Marseille haben die italienischen Köche den Festgästen, unter ihnen auch Papst Clemens VII, erstmals ein Dessert aus Früchten und Eis präsentiert. Die Herstellung von Sherbet, also Sorbet, hatten sie von den Arabern gelernt. Bei ihrem Hochzeitsfest wurden auch die von den Italienern geliebten, mit Käse bestreuten Makkaroni mit Fleischsoße serviert.

Eine besondere Vorliebe hatte Katharina von Medici für Artischocken, die sie ebenfalls aus ihrer italienischen Heimat am französischen Hof einführte. Ihre Begeisterung für dieses Gemüse wurde als leicht skandalös empfunden, weil es im Ruf stand, „der Liebe zuträglich" zu sein und „Leib und Seele" zu erhitzen. Die Artischocke wurde aber in Frankreich schließlich zur „Königin der Gemüse" und galt für den Adel als standesgemäß sowie ihr Verzehr als Ausdruck vornehmster Lebensart.

Sie sorgte für die Einführung neuer Zutaten, aufwendiger Zubereitungen und bisher unbekannter Kochtechniken. Sie verbesserte auch die Tischsitten. So soll es vor ihr nicht ungewöhnlich gewesen sein, sich in das Tischtuch zu schnäuzen und die Hüte beim Essen aufzubehalten. Auch soll sie die Verwendung der Gabel zum Essen anstatt der Finger bei Hof eingeführt haben.

Gratinierte Artischockenböden

10 Artischocken
Zitronenwasser
50 g geriebener Parmesan
50 g flüssige Butter

Die Artischocken putzen und die Böden in Zitronenwasser weich kochen. In eine ausgebutterte Form legen, mit flüssiger Butter bepinseln, mit Parmesan bestreuen und fünf Minuten im heißen Rohr gratinieren.

Klemens Wenzel Lothar von Metternich

Österreichischer Außenminister und Staatskanzler (1773–1859)

Der Kongress tagt und isst

Als Vorsitzender des Wiener Kongresses nahm Fürst Metternich eine zentrale Stellung bei der politischen und territorialen Neuordnung Europas nach den napoleonischen Kriegen ein. Er wurde zum „Kutscher Europas", da er für drei Jahrzehnte die österreichische, aber auch die europäische Politik prägte.

Die Organisation des Wiener Kongresses war eine logistische Herausforderung ersten Rangs. Delegationen aus mehr als 200 Staaten waren angereist. Viele regierende Fürsten und nahezu der gesamte europäische Hochadel versammelten sich für neun Monate in Wien. Alle wollten standesgemäß untergebracht, transportiert, unterhalten und vor allem verköstigt werden. Zentrale Bedeutung hatte dafür die Küche in der Hofburg, die für enorme Mengen ausgelegt war. Sie musste schon bisher täglich bis zu 2 000 Personen versorgen, während des Wiener Kongresses sogar bis zu 3 500 Personen. Die Hofküche bestand aus vielen spezialisierten Räumen. In einer Küche wurde nur rotes Fleisch zubereitet, eine andere verarbeitete nur Wild und Geflügel.

Wieder eine andere bereitete nur Soßen und Mayonnaisen. In der Bäckerei konnten täglich 2 500 Brote hergestellt werden.

Bei Bällen des Hofes wurde den Gästen nach Mitternacht die legendäre „Olio-Suppe" serviert, die vom spanischen Eintopfgericht *Olla potrida* stammt und am österreichischen Hof schon seit dem frühen 18. Jahrhundert bekannt war. Für etwa 500 Liter Suppe waren 22 kg Rindfleisch, 10 kg Schweinefleisch, 10 kg Geselchtes, 8 kg Wild, 8 kg Schaffleisch, Leber, Kalbsfüße, Hühner, Wurzelwerk und eine riesige Menge Gemüse notwendig.

Fürst von Metternich gab den Anstoß für die Erfindung der Sachertorte. Er beauftragte seinen Chefkoch 1832 zur Hochzeit eines befreundeten Malers, einen besonderen Nachtisch zu schaffen: „Dass er mir keine Schand' macht, heut Abend!" Dieser erkrankte und daher musste der erst 16 Jahre alte Konditorlehrling Franz Sacher eine neue Torte erfinden, die sofort großen Anklang fand und bald auch auf die Tafel des Kaiserhauses gesetzt wurde. Heute entstehen jährlich etwa 360 000 „Original Sacher Torten", die in alle Welt verschickt werden.

Schokoladentorte a lá Sacher

200 g Butter
180 g Zucker
1 Pkg. Vanillezucker
6 Eier, getrennt
100 g Mehl
150 g Schokolade
50 g geriebene Nüsse
2 EL Kakaopulver
½ Pkg. Backpulver, 1 Prise Salz
Fülle: Marillenmarmelade, etwas Rum
Guss: 200 g Kuvertüre, edelbitter

Butter, Zucker, Vanillezucker und Eidotter schaumig rühren. Eischnee mit einer Prise Salz steif schlagen.
Das Mehl mit der geriebenen Schokolade, Nüssen und Backpulver mischen und mit dem Eischnee abwechselnd unter die Eiermasse heben. In einer eingefetteten und bemehlten Springform ca. 1 Stunde bei 170–190 °C backen. Die ausgekühlte Torte waagrecht in zwei Teile schneiden. Marmelade mit Rum glatt rühren, die Torte damit füllen und wieder zusammensetzen. Die Kuvertüre im Wasserbad schmelzen, über die Torte gießen und die Glasur glattstreichen.

Wolfgang Amadeus Mozart

Salzburger Komponist (1756–1791)

Auf's prächtigste bewirtet

„Joannes Chrysostomus Wolfgangus Theophilus" lauten seine Vornamen im Taufbuch der Salzburger Dompfarre. Den Namen „Wolfgang Amadeo" gebrauchte Mozart erst ab 1770 auf der ersten Italienreise. In seinem kurzen Leben schuf das Musikgenie 626 Werke.

Insgesamt war Wolfgang Amadeus Mozart etwa zehn Jahre auf Reisen, die ihn in praktisch alle wichtigen Städte und an die Fürstenhöfe Mitteleuropas führten. Dabei wechselten üppige höfische Küchen und reich gedeckte Tafeln des Adels und des wohlhabenden Bürgertums mit einfachen Gerichten in den Einkehrgasthöfen ab. Wolfgang Amadeus hat keine Rezepte hinterlassen, aber er selbst und auch sein Vater Leopold haben in ihren Briefen oft über ihre Verpflegung, die Gasthausbesuche oder auch die Essenseinladungen berichtet.

Aus Rom schrieb Leopold Mozart am 14. April 1770: „Von dieser abscheulichen Reise will ich dir keine lange Beschreibung machen. Stelle dir nur ein meistens ungebautes Land vor, und die abscheulichsten Wirtshäuser, Unflat, nichts zum Essen als zum Glück da und dort Eier und Broccoli." Aus Bologna berichtet er am 21. August 1770: „Wir befinden uns. Gott Lob, bey Feigen, Melonen und anderen Früchten, die wir sehr mäßig essen, sehr wohl."

Leberknödel mochte Wolfgang Amadeus besonders gerne. Auf Reisen war diese heimische Spezialität kaum zu bekommen. Gerne nahmen die Mozarts daher die Gelegenheit wahr, wieder einmal richtig Salzburgisch zu essen. Bei ihrer Italienreise waren sie im Haus der Marianne d'Asti von Astenburg eingeladen. Sie stammte aus Salzburg, war Tochter von Leopold Troger, eines gräflichen Sekretärs, und in Mailand verheiratet. Sie erfüllte den kulinarischen Wunsch nach Leberknödel. Über den Besuch am 3. Jänner 1771 schrieb Leopold Mozart: „Am Donnerstag speisten wir bey der Madame v. Astenburg, oder ehemals Trogermariandl, die uns mit Leberknödl und Sauerkraut, so sich der Wolfgang ausgebeten, nebstbey aber mit anderen guten speisen darunter ein herrlicher Capaun und Fasan, aufs prächtigste bewirthet hat."

Nachdem Wolfgang Amadeus nach Wien übersiedelt war, besuchte ihn sein Vater 1785 zum ersten Mal dort und war begeistert: „Es wurde nichts als Fleischspeisen aufgetragen, und der Fasan war zur Zuspeise im Kraut, das Übrige war fürstlich, am Ende Austern, das herrliche Confect, und viele Bouteillen Champagner-Wein nicht zu vergessen."

Leberknödel

150 g Leber
2 altbackene Semmeln
40 g Fett
1 Zwiebel
1 Ei
60 g Semmelbrösel
Petersilie, Salz, Pfeffer, Majoran

Die Semmeln in Wasser einweichen. Die Zwiebel klein schneiden und in Fett goldgelb rösten. Die Leber schaben, mit den ausgedrückten Semmeln, den Zwiebeln, dem Ei, der kleingehackten Petersilie und den Semmelbröseln vermischen. Mit Salz, Pfeffer und Majoran würzen. Kleine Knödel formen und etwa 10 Minuten in Salzwasser gar ziehen lassen. In Rindsuppe servieren.

Friedrich Nietzsche

Deutscher Philosoph (1844–1900)

„Die Vernunft beginnt bereits in der Küche."

Er machte eine Blitzkarriere und wurde direkt nach seinem Studium mit nur 24 Jahren in Basel Professor für Klassische Philologie. Aber bereits nach zehn Jahren musste Friedrich Nietzsche der angeschlagenen Gesundheit wegen seine Professur zurücklegen und lebte als freier Autor. Er gilt als einer der wesentlichsten Philosophen der Neuzeit.

Friedrich Nietzsche hatte von Jugend an Probleme mit dem Magen und der Verdauung. Die Kost in seinem Internat war sehr einseitig, wie aus Tagebucheintragungen hervorgeht, die sich mehrfach in der Woche wiederholten: „Suppe, Rindfleisch u. Gemüse, Obst".

Zur Linderung versuchte er die verschiedensten Diäten. Er lebte in Anlehnung an die Lehren des damals populären norditalienischen Humanisten und Asketen Luigi Cornaro aus der Spätrenaissance nur von Zwieback, Früchten, Suppen aus Hülsenfrüchten und etwas kaltem gebratenen Fleisch. Dann wendete er sich kurz der vegetarischen Lebensweise zu, was er nach deren Ende als „Marotte" bezeichnete.

Kartoffeln verbot sich Nietzsche selbst, da er feststellte, dass sie ihm nicht bekamen. Weiters verzichtete er auf Kohl, Karfiol, Essig, Senf, Pfeffer, Schwarzbrot, Zwiebeln, Soßen, alle Suppen,

Würste und Käse. Auch Alkohol versagte sich Nietzsche fast zur Gänze: „Ein Glas Wein oder Bier des Tages reicht vollkommen aus, mir aus dem Leben ein Jammertal zu machen … Wasser tut's."

Nach seiner Pensionierung an der Universität Basel verbrachte er die Wintermonate in Nizza, Genua oder Venedig. Nicht nur wegen des für seine Gesundheit besseren Klimas, sondern vor allem auch wegen der für ihn bekömmlicheren italienischen Kost. Mit der deutschen Küche ging Friedrich Nietzsche streng ins Gericht: „Die ausgekochten Fleische, die fett und mehlig gemachten Gemüse, die Entartung der Mehlspeise zum Briefbeschwerer". Dieser „Mangel an Vernunft in der Küche" hatte seiner Ansicht nach „betrübte Eingeweide" zur Folge.

Um der Hitze zu entgehen, nahm Friedrich Nietzsche im Sommer im Schweizer Engadin Quartier. Dort aß er immer alleine und fast täglich Beefsteak mit Erbsen.

Nietzsche wollte aber aus den Essensgewohnheiten selbst keine Philosophie ableiten: „Wenn es zu deiner Gesundheit nöthig ist, wohlan! Was liegt daran! Aber mache keinen Lärm darum! Es ist lächerlich, begeistert von grünem Gemüse zu reden – wer so thut, hat wenig im Kopfe!" Nietzsche schätzte das Maßhalten, und nur bei Süßspeisen war er öfters selbst unvernünftig.

Nero

Lauch für den erlauchten Kaiser

Keiner der römischen Kaiser hat so einen schlechten Ruf wie Nero. Mitverantwortlich für diese allgemeine Einschätzung ist sicher der Roman *Quo vadis* von Henryk Sienkiewicz, der 1905 mit dem Literaturnobelpreis ausgezeichnet wurde. Die monumentale Verfilmung mit Peter Ustinov als Kaiser Nero, der Rom brennen lässt, zeichnet das Bild eines sadistischen Psychopathen, das aber nicht der historischen Wahrheit entsprechen dürfte.

Quellen bezeugen die von Nero gestifteten oder zu Ehren des Kaisers ausgerichteten prachtvollen Bankette, die Köstlichkeiten aus allen Teilen des römischen Reiches boten. Auch Eis, das Nero besonders gerne gegessen haben soll. Man ließ dafür Schnee aus den in der Nähe von Rom liegenden Albaner Bergen kommen und verfeinerte diesen mit Honig, Zimt, Rosenwasser oder Veilchen. Zerdrücktes Obst, Beeren und Fruchtsäfte wurden genauso wie Mandeln, Nüsse, Feigen und Datteln damit vermengt. Das Eis war ähnlich einem heutigen Sorbet, wobei diese Art der Zubereitung schon bei den Arabern und im antiken Griechenland bekannt war. Der fest gepresste Schnee wurde in tiefen, holzverkleideten Erdgruben gelagert, die mit Stroh und Leinentüchern isoliert wurden. Auch wurde der Schnee zum Kühlen von Wein verwendet, was als Zeichen von besonderem Luxus galt.

Nero sah sich selbst als Künstler, als talentierter Poet, Sänger und Schauspieler und er trat häufig vor vielen Zuschauern auf. Diese Einschätzung gipfelt in seinem von Sueton überlieferten letzten Satz vor dem erzwungenen Selbstmord: „Welch ein Künstler geht mit mir zugrunde!" Sueton berichtet in seinen Kaiserbiografien aber auch, dass Nero sich professionell künstlerisch ausbilden ließ und die Mittel der Sänger benutzte. So aß er häufig und in großen Mengen Lauch, da er mit den darin enthaltenen Senfölen seine Stimmbänder pflegen und seine Stimme wohlklingender machen wollte. Viele wollte es dem Kaiser nachmachen und der Genuss von dem auch als „Porree" bezeichneten Lauch wurde fast ein modischer Trend. Sein massiver Lauchkonsum führte auch dazu, dass das Volk von Rom Nero als „Porrophagus", also als „Porreefresser", verspottete.

Lauchkuchen

400 g Mehl	3 EL Butter
6 EL Milch	1 Tasse Gemüsesuppe
6 EL Öl	100 g geriebener
150 g Magertopfen	alter Gouda
1 Pkg. Backpulver	200 g geriebener
Salz	mittelalter Gouda
800 g Lauch	200 g Crème fraîche
3 Eier	

Mehl, Milch, Öl, Topfen, Backpulver und Salz zu einem Teig verkneten, auf einem Backblech ausrollen und mit dem alten Gouda bestreuen. Lauch in Ringe schneiden und fünf Minuten in Butter dünsten. Mit der Gemüsesuppe abschmecken. Die Eier mit Crème fraîche und dem mittelalten Gouda verquirlen. Alles verrühren und auf den Teig geben. Bei 200 Grad eine halbe Stunde backen.

Luciano Pavarotti

Italienischer Tenor (1935–2007)

„**Kochen ist eine Kunst und keineswegs die unbedeutendste.**"

Kein Tenor der jüngeren Vergangenheit war populärer als Luciano Pavarotti. Niemand wurde jemals begeisterter umjubelt als er. Mit 115 Vorhängen und 67 Minuten ununterbrochenem Applaus nach seinem Auftritt in Donizettis „Liebestrank" 1988 an der Deutschen Oper Berlin ist er Rekordhalter. Gemeinsam mit Plácido Domingo und José Carreras als die „Drei Tenöre" haben Luciano Pavarotti bei einem Konzert im Rahmen der Fußball-Weltmeisterschaft 1990 weltweit etwa eine Milliarde Zuschauer gesehen. Dass Luciano Pavarotti leidenschaftlich gern aß und trank, sah man beim ersten Blick auf seine Körperstatur. Er kochte aber auch für sein Leben gern. Häufig bewirtete er mit überschwänglicher Herzlichkeit Gäste. Diese wurden mit vom ihm mit selbst zubereiteten Köstlichkeiten verwöhnt. Die Nudeln etwa kredenzte er mit seinem Pesto, das aus einer Mischung aus Pecorino, Parmigiano und Haselnüssen besteht.

Auch wird berichtet, dass Freunde von weither kamen, wenn er zu Pappardelle, also sehr breiten Bandnudeln, eine Ente schmorte. Vielleicht war der Beruf seines Vaters Fernando als Bäcker ausschlaggebend für die Liebe zu den Produkten seiner Heimat. Dieser war ebenso ein begabter Tenor und sang sogar Duette mit seinem Sohn Luciano.

Aber nicht nur in seiner Villa in Modena oder auf seinem Sommersitz in Pesaro an der Adriaküste kochte er gerne, sondern auch auf Reisen. Er hatte immer einen blauen Koffer dabei, in dem seine wichtigsten Reisebegleiter enthalten waren: Der Koffer war prall gefüllt mit Lebensmitteln aus seiner Heimat, der Region Emilia-Romagna, also mit Parmaschinken, Mortadella, Salami und vor allem Parmesan. Aber auch Olivenöl und verschiedene Balsamico-Essigflaschen waren darin zu finden. Fehlen durften nicht einige Flaschen perlender Lambrusco secco, natürlich ebenfalls aus der Emilia-Romagna. Pavarotti ging selten ins Restaurant, nicht nur wegen der aufdringlichen Fans, sondern um sich beim Kochen zu entspannen. Er wohnte immer nur in Hotels, in denen seine Suite mit einer Küche ausgestattet war. Hotels, die auf den berühmten Gast nicht verzichten wollten, bauten sogar extra für ihn eine Küche ein. Dort kochte er nach den Konzerten und Aufführungen nicht nur für sich, sondern für alle seine Begleiter große Mengen Pasta in verschiedenen Variationen.

Pappardelle mit Haselnusspesto

100 g Haselnüsse
2 EL Haselnussöl
80 ml Olivenöl
50 g geriebener Pecorino
½ Bund Petersilie
2 Zweige Basilikum
Salz Pfeffer
400 g Pappardelle

Die Pappardelle in reichlich Salzwasser al dente kochen. In der Zwischenzeit die Haselnüsse anrösten, mit dem Öl, der Petersilie, dem Basilikum und dem Pecorino in einem Mörser zerkleinern. Mit Pfeffer und gegebenenfalls Salz abschmecken. Vor dem Abgießen der Nudeln einen Schöpflöffel Kochwasser zum Pesto geben. Nudeln durchschwenken und heiß servieren.

Marco Polo

Die Tafelrunde des Kublai Khan

Marco Polo war 17 Jahre alt, als er im Frühjahr 1271 von Venedig aus mit seinem Vater und seinem Onkel die Reise nach China antrat. Erst fast vier Jahre später erreichten sie ihr Ziel. Sie trafen den Kublai Khan, den Enkel des Mongolenfürsten Dschingis Khan. Kublai Khan herrschte damals über ein riesiges Reich, das weit über die Grenzen des heutigen China hinausging. Marco Polo wurde bald Vertrauter des Khan und konnte ganz China bereisen. Erst 24 Jahre nach seinem Aufbruch kehrte Marco Polo in seine Heimatstadt zurück.

Sein Buch „Die Wunder der Welt", das Reisebericht, Reiseführer und Unterhaltungsroman in einem ist, wurde zum Bestseller. Er schilderte darin nicht nur Dinge, die in Europa völlig unbekannt waren, wie zartes Porzellan, Papiergeld, Feuerwerksraketen oder brennende Steine, also Steinkohle, sondern auch das Leben und die Essgewohnheiten am Hof des Kublai Khan in Peking: „Die Tafel im Speisesaal ist erhöht aufgestellt. ... Die erste der Frauen des Khan sitzt zur Linken neben ihm. Auf der rechten Seite, etwas weiter unten, nehmen die Söhne und Verwandten des Herrschers Platz. Noch weiter unten auf der rechten Seite sitzen die Würdenträger und hohen Beamten. Die linke Tafelseite ist den Frauen vorbehalten ... An den Tagen, an denen Hof gehalten wird, sind es zusammen sechstausend Gäste des Herrschers. Ein großer goldener Krug mit bestem Wein steht bereit, daneben befinden sich zwei kleinere Krüge mit anderen Getränken. Aus diesen Krügen schöpfen die Gäste mit goldenen Bechern. ... Bei Tisch wird der Khan von vornehmen Würdenträgern bedient, die Mund und Nase mit schönen Seidentüchern verhüllt haben, damit ihr Atem nicht die Speisen des Herrschers verunreinigt. Wenn der Khan den Becher in die Hand nimmt, um zu trinken, wird eine Fanfare geblasen. Dann werfen sich die Gäste demütig auf die Knie, bis der Herrscher getrunken hat."

Marco Polo beobachtete auf seinen Reisen durch China die auch heute noch gebräuchliche Herstellung von Nudeln, um aus einem Batzen Teig dünne Fäden bis zu zwei Metern Länge zu machen. Er soll es auch gewesen sein, der das Nudel-Rezept erstmals von China mit nach Italien brachte. Tatsächlich stammt das älteste, nämlich 4000 Jahre alte Rezept für Nudeln aus China. Doch wusste man schon lange vor der Rückkehr Marco Polos, in etruskischer und in römischer Zeit, wie man aus Wasser und gemahlenem Getreide Teigwaren herstellen kann.

Madame de Pompadour

Mätresse des französischen Königs Ludwig XV. (1721–1764)

Eine Verbindung von Herz und Küche

Im Alter von neun Jahren wurde der Tochter eines wohlhabenden, aber bürgerlichen Händlers prophezeit, dass sie einmal die Mätresse Ludwigs XV. sein würde. Die Realisierung dieser Prophezeiung verfolgte die junge Jeanne-Antoinette Poisson mit Ausdauer und Intelligenz. Ihre Schönheit wurde durch gute Erziehung und Bildung ergänzt und so wurde sie wirklich die offizielle Mätresse des Königs, die erste Bürgerliche mit diesem Status am französischen Hof überhaupt. Ludwig XV. adelte sie noch im selben Jahr zur „Marquise de Pompadour" mit Landsitz und eigenem Wappen.

„Die Liebe eines Mannes wird im Bett gewonnen und bei Tisch erhalten!", meinte die Marquise. Sie konnte den König vielfältig unterhalten, veranstaltete Feste, Theater-, Opern- und Ballettaufführungen und verfügte vor allem über hohe Kochkünste. Von dieser Fähigkeit war Ludwig XV. so beeindruckt, dass er sich sogar selbst von seinem Leibkoch in die Kunst des Kochens einführen ließ. Dies soll aber nur von geringem Erfolg gekrönt gewesen sein. Madame de Pompadour erfand kulinarische Kreationen, die heute noch ihren Namen tragen, wie etwa die „Consommé à la Pompadour", eine klare Geflügelsuppe mit kleinen Knödeln aus Geflügelfarce, feinen Trüffelstreifen und Selleriejulienne. Auch eine Zubereitungsvariante für Spargel oder Lammkotelett mit Artischocken sind nach ihr benannt.

„Pompadour" wird auch als Markenbezeichnung verwendet, zum Beispiel für Trinkschokolade. Anfang des 17. Jahrhunderts wurde Schokolade in Frankreich eingeführt und als Heißgetränk gern bei Hof getrunken. Man sprach ihr stärkende und verdauungsfördernde, vor allem aber auch aphrodisierende Eigenschaften zu. So trank Madame de Pompadour heiße Schokolade, um „ihr Blut in Wallung zu bringen".

Der schädlichen Wirkung von Alkohol auf das Aussehen war sich Madame de Pompadour wohl bewusst und sie machte nur eine Ausnahme: „Champagner ist der einzige Wein, der eine Frau noch schöner macht, nachdem sie ihn getrunken hat."

Um ihre kulinarischen Spezialitäten auch auf einem französischen Geschirr präsentieren zu können und um dem Meissener Porzellan Konkurrenz zu machen, gründete sie die königliche Porzellanmanufaktur in Sèvres. Es wurde sogar eine Farbe nach ihr benannt, das „Rosé Pompadour".

Trinkschokolade

Für 1 Portion:
250 ml Milch
1 EL Kakaopulver 60 %
1 TL Zucker
1 Prise Kardamom
Schlagobers zum Garnieren

Die Milch erhitzen, das Kakaopulver, Zucker und Kardamom hinzugeben und mit dem Schneebesen schaumig aufschlagen. In ein hohes Glas füllen, mit Schlagobershaube und geriebener Schokolade garnieren.

Alexander Puschkin

Russischer Nationaldichter (1799–1837)

Ein gebildeter Magen ist sensibel und dankbar

Alexander Puschkin ist eine herausragende Persönlichkeit der russischen Nationalliteratur. Er schrieb Romane, Dramen und Erzählungen, aber auch Märchen, Balladen und historische Werke. Die russische Oberschicht sprach bis zum Einmarsch Napoleons Französisch. Durch seine Dichtung leistete Alexander Puschkin einen wesentlichen Beitrag zur Entstehung der russischen Literatursprache. Von seinem wichtigsten Werk, dem Versroman *Eugen Onegin*, kann fast jeder Russe einige Passagen auswendig. Das Buch wurde verfilmt und von Modest Mussorgski in Form einer Oper verarbeitet. Puschkin starb mit nur 37 Jahren an den Folgen eines Pistolenduells.

Für ihn gehörte gute Küche zu Bildung und Kultur: „Der Magen eines gebildeten Menschen hat die besten Eigenschaften eines edlen Herzens: Sensibilität und Dankbarkeit."

Vor allem liebte Puschkin Kuchen. Während in Moskau diese Köstlichkeiten angeboten wurden, musste er sich auf dem von der Hauptstadt weit entfernten Landgut seiner Eltern bescheiden ernähren. Die ausschließlich leibeigenen Köche kannten keine kulinarischen Raffinessen. Nur bei einer gastfreundlichen Nachbarin gab es ein Gedicht von einem Apfelkuchen. Puschkin schätzte ihn so sehr, dass er die Briefe vom Land an seine Freunde mit „Ihr Apfelkuchen" unterschrieb.

Auch Kartoffeln mochte Puschkin sehr gerne. Als er spätabends auf das Landgut kam und niemanden mehr vorfand, der ihm noch etwas zu essen bereiten konnte, machte er sich selbst auf die Suche. Er fand kalte gekochte Kartoffeln und briet diese in Öl. Da ihm diese einfache Zubereitung ganz ausgezeichnet schmeckte, bewirtete er damit in Zukunft seine Besucher. Von den Freunden wurde das Gericht bald „Kartoffeln à la Puschkin" genannt und findet sich sogar in Kochbüchern.

Puschkin schwärmte außerdem noch für Pasteten, die damals erst seit Kurzem in Russland bekannt waren. Nach der Lieferung einer solchen Delikatesse war er außer sich vor Freude und lobte sie als „fetten Straßburger Kuchen".

Gedeckter Apfelkuchen

Teig:
300 g Mehl
½ Pkg. Backpulver
50 g Zucker
1 Pkg. Vanillezucker
1 Ei
50–60 g Butter

Fülle:
1–1½ kg Äpfel
50 g Zucker
50 g Rosinen
1 TL Zimt

Aus den Zutaten für den Teig einen Mürbteig herstellen und eine halbe Stunde im Kühlschrank rasten lassen. Äpfel schälen und in Stücke schneiden. Mit der Hälfte des Teiges den Boden und den Rand einer Springform auslegen. Erst Rosinen, dann Äpfel darauf verteilen, und mit Zimt und Zucker bestreuen. Aus dem zweiten Teil des Teiges schneidet man Streifen, legt diese kreuzweise über die Apfelfülle und schließt mit einem Rand ab. Dann bäckt man den Kuchen bei 160 °C etwa 45 Minuten.

Julius Raab

Österreichischer Bundeskanzler (1891–1964)

Der Staatsvertragskanzler machte die Knackwurst als Beamtenforelle salonfähig

Acht Jahre lang – von 1953 bis 1961 – war Julius Raab österreichischer Bundeskanzler. In dieser Funktion gelang ihm der Durchbruch bei den Verhandlungen mit den Sowjets, was letztlich auch zum Abzug der Besatzungstruppen aus Österreich führte. Er war Baumeister und darüber hinaus einer der „Baumeister der II. Republik". Als Präsident der Bundeswirtschaftskammer war er zudem Mitbegründer der österreichischen Sozialpartnerschaft.

Einer sehr einfachen Speise verhalf Julius Raab zu großer Popularität: der Knackwurst, auch „Beamtenforelle" genannt. Sie war sein absolutes Lieblingsessen, das er sehr häufig zu Mittag verzehrte.

Berüchtigt, bisweilen sogar gefürchtet, waren die Essensgewohnheiten des Bundeskanzlers, wie sein Pressesprecher Fritz Kofler berichtet. Gegen Mittag beorderte er einen seiner Sekretäre oder Beamten aus seiner Umgebung mit den Worten „Gemma essen" als Begleitung in das Café Landtmann oder in das Gasthaus Linde in der Rotenturmstraße. Dort aß Julius Raab in Rekordzeit eine Knackwurst. Er zahlte und ging, obwohl sein jeweiliger Begleiter noch nicht einmal bis zur Hauptspeise gekommen war. „Deshalb hat man immer danach getrachtet, dem Raab nicht um die Mittagszeit zu begegnen."

„Beamtenforelle" ist im Wienerischen eine scherzhafte Bezeichnung für die Knackwurst und nimmt in ironischer Weise vermutlich auf die schlechte wirtschaftliche Situation der meisten Beamten in früheren Zeiten Bezug. Vielfach wird aber auch behauptet, dass die Wortprägung sogar von Julius Raab selbst stammt.

Eine weitere Leidenschaft Julius Raabs war die Virginia. Seine Lieblingszigarre hatte er ständig bei sich; er ist mit ihr auch auf vielen Fotos abgebildet.

Ein Denkmal für Julius Raab findet sich an der Wiener Ringstraße, gegenüber dem Parlamentsgebäude, in das Gitter um den Volksgarten eingebaut.

Essigwurst

4 Knacker
1 rote Zwiebel
2 Tomaten
1 Paprika, gelb
Essig, Öl
Salz, Pfeffer
Schnittlauch

Die Haut von den Knackern abziehen und die Würste in dünne Scheiben schneiden. Diese dünn auf Teller auflegen, dabei die Scheiben wie bei einem Carpaccio überlappen lassen. Die Zwiebel in feine Ringe schneiden, in die Mitte des Tellers setzen. Tomaten und Paprika schneiden und den Teller damit garnieren. Aus Essig, Öl, Salz, Pfeffer und Wasser eine Essigmarinade herstellen und über die Teller verteilen. Mit frisch geschnittenem Schnittlauch garnieren.

Gioachino Antonio Rossini

Italienischer Komponist (1792–1868)

Der volle Magen ist die Pauke der Freude

Hineingeboren in eine Musikerfamilie, wuchs Rossini in Pesaro an der italienischen Adriaküste auf. Schon sehr früh lernte er Violine, sang und begann zu komponieren. Er schuf 39 Opern, wobei *Der Barbier von Sevilla* davon sicher die bekannteste ist.

Neben seiner Leidenschaft für die Musik liebte Gioachino Rossini Küche und Keller. Für ihn war das Zusammenstellen eines Menüs wie das Komponieren. In einem Brief an Isabella Colbran, eine gefeierte Mezzosopranistin, die später auch seine Ehefrau wurde, schrieb er: „Das, was die Liebe für das Herz ist, ist der Appetit für den Magen. Er ist der Kapellmeister, der das große Orchester unserer Leidenschaften regiert und in Tätigkeit versetzt. Den leeren Magen versinnbildlicht das Fagott oder die Pikkoloflöte, wie er vor Missvergnügen brummt oder vor Verlangen gellt. Der volle Magen dagegen ist die Triangel des Vergnügens oder die Pauke der Freude."

In Briefen an die Lieferanten seiner Spezialitäten schätzte und verehrte er sie als Meister ihres Fachs, so schrieb er etwa an einen Metzger für dessen Schinken: „Ich fand die Kollektion ihrer Werke nach allen Seiten vollkommen. Sie verstehen, gewisse Tasten anzuschlagen, die den Gaumen befriedigen, der ein weit sicherer Richter ist als das Ohr, weil er sich auf die Feinheiten des Geschmackssinns stützt, der am Anfang alles Lebens steht."

Gioachino Rossini kreierte auch selbst ein Nudelgericht, dessen geradezu inbrünstige Zubereitung durch ihn ein Zeitgenosse beschreibt: „Er füllte eine Silberspritze mit Trüffelpüree und geduldig injizierte er diese unvergleichliche Soße in jeden Nudelzylinder. Danach, in der Kasserolle ruhend wie ein Baby in der Wiege, beendeten die Macceroni die Garzeit inmitten der berauschenden Dämpfe. Rossini blieb da, regungslos, verzaubert und überwachte sein Lieblingsgericht."

Rossini war als Feinschmecker so bekannt, dass einige Speisen nach ihm benannt wurden. Ein Pariser Küchenchef belegte Rinderfiletsteaks mit einer Scheibe Gänseleber, bestreute sie mit Trüffeln und reichte dazu Madeirasoße. Zu Ehren des Maestros nannte er sie „Tournedos Rossini". Der Komponist wirkt als Gourmet bis in die heutige Zeit, da die Zahl der Restaurants, die sich „Rossini" als Namen gewählt haben, auffallend hoch ist.

Tournedos Rossini

4 Rinderfiletsteaks á 200 g
4 Scheiben Foie gras
75 ml Madeirawein
schwarze Trüffel
Salz, Pfeffer
Öl zum Anbraten

Die Filetsteaks salzen und pfeffern. Öl in einer Pfanne erhitzen, die Steaks auf beiden Seiten scharf anbraten. Auf ein Bratengitter setzen und im Backrohr bei etwa 70 °C medium garen. Den Bratensatz mit Madeira ablöschen und einreduzieren lassen. Die Steaks auf vorgewärmten Tellern anrichten, mit je einer Scheibe Foie gras belegen und mit schwarzer Trüffel bestreuen. Mit Madeirasoße begießen.

Erasmus von Rotterdam

Niederländischer Theologe und Philosoph (1466–1536)

„Der Magen ist ein lästiger Frager."

Tausende Studenten haben in seinem Namen schon Auslandssemester an den Universitäten Europas absolviert. Das „Erasmus-Programm", ein überaus erfolgreiches Hochschulförderprogramm der Europäischen Union, erinnert an Erasmus von Rotterdam. Er zählt zu den hervorragendsten Gelehrten des Humanismus. Als Priester und Gelehrter verbrachte er sein Leben in Holland, Frankreich, England, Italien, Deutschland und der Schweiz. Seine Bücher waren bekannt und sein Wort hatte unter Gelehrten und bei den weltlichen und geistlichen Größen Gewicht.

Erasmus schätzte das gute Essen und das geistreiche Gespräch im Kreis seiner Freunde und anderer humanistischer Gelehrter. Auf seinen Reisen wurde die Hoffnung auf ein angenehmes Mahl nicht immer erfüllt. Er klagte: „Nie habe ich schlechter gegessen und länger gewartet als in deutschen Gasthäusern." Die Schänke, in die er eingekehrt war, konnte nichts bieten, außer einen ausgesprochen sauren Wein, eine Brühe mit Brotstücken und aufgewärmtes Fleisch, auf das er auch noch einige Stunden warten musste. Erst die Kulinarik in der großen Handelsstadt Nürnberg versöhnte ihn wieder mit der deutschen Küche und er nahm sein hartes Urteil zurück.

In jungen Jahren trat Erasmus in ein Kloster der Augustiner-Chorherren im niederländischen Gouda ein. Es galt, eine Unzahl von Fasttagen einzuhalten, wobei die fleischlose Zeit hauptsächlich mit Fisch überbrückt wurde. Erasmus vertrug aber keinen Fisch: „Schon seit langer Zeit kann ich keine Fische mehr essen, ohne meine Gesundheit in große Gefahr zu bringen." Durch das damit verschärfte Fasten wurde er so sehr geschwächt, das er es selbst als lebensgefährlich einschätzte.

Auf den Bauernhöfen in der Umgebung der Stadt Gouda wurde traditionell Käse hergestellt und es gab einen florierenden Handel damit.

Erasmus von Rotterdam beschäftigte sich in einer seiner Schriften auch mit den noch aus dem Mittelalter stammenden Sitten bei Tisch. Seine Ratschläge ähneln den heutigen Umgangsformen. Er rät, nicht zu schmatzen und das Tischtuch nicht als Serviette zu benutzen. „Rücke nicht bei Tische hin und her, dass es aussieht, als wolltest du gerade einen fahren lassen." Aber er fügt hinzu, dass seine Vorschläge nicht so gemeint seien, „als ob ohne dies niemand ein guter Mensch sein könne."

Abraham a Sancta Clara

Katholischer Prediger (1644–1709)

Barocke Predigten für eine regionale und saisonale Küche

Abraham a Sancta Clara galt als wortgewaltigster Prediger der Barockzeit und wurde schließlich an der kaiserlichen Residenz in Wien Hofprediger. Er geißelte scharfzüngig den lockeren Lebenswandel, vor allem Völlerei und Trunksucht.

Er wurde als Johann Ulrich Megerle im Badischen geboren. Nach dem Tod des Vaters ermöglichte sein Onkel und Vormund Abraham von Megerle dem hochbegabten Knaben den Wechsel ins Jesuiteninternat nach Ingolstadt. Da der Onkel fürsterzbischöflicher Domkapellmeister in Salzburg wurde, wechselte auch Johann nach Salzburg an das Akademische Gymnasium der Benediktiner. Er trat schließlich in den Orden der Augustiner-Barfüßer ein und nahm aus Dankbarkeit gegenüber seinem Förderer den Ordensnamen Abraham a Sancta Clara an. In Wien erinnert heute ein Denkmal am Eingang zum Burggarten an ihn.

Seine Predigten und Schriften geben Einblick in die zur damaligen Zeit bevorzugten Speisen und lassen einen Rückschluss auf seine persönlichen Vorlieben zu. Er erläutert nämlich, welchen Geschmack das Manna in der Wüste annehmen könnte: „Ein westfälischer Schinken, eine österreichische Lerchen, ein tirolischer Gemsenschlegel, ein schwäbischer Pfannenzelten, eine böhmische Golatschen, ein bayrischer Kirchtagsbrein, ein schweizerischer Zieger, eine spanische Schoccolada, ein türkischer Scherbett."

Abraham a Sancta Clara trat vehement gegen eine auch damals nicht unbekannte Sitte auf, nämlich Lebensmittel außerhalb ihrer natürlichen Saison konsumieren zu wollen:

„Wenn sie nicht junge Hiendl und Spargl im Januario, jungen Rättich im Februario, Salat im Mertzen, Maurachen (Morcheln) im Aprill, junge Vögl im May, Kerschen und Marillen im Junio, Weintrauben im Julio, junge Capauner im Augusto, frische Lemoni im September, Austern im Oktober, Wäälsch- und Tyroler Wein im November, und Spanischen im December, so ist es nichts Rares."

Auch wetterte er dagegen, dass man in Wien italienischen Wein verlangte und in Rom Rheinwein trank. Abraham a Sancta Clara war also Vorkämpfer für eine regionale und saisonale Küche.

Bartolomeo Scappi

Italienischer Koch (ca. 1500–1577)

Herr über den Magen der Päpste

Er wurde „Michelangelo der Köche" genannt. Bartolomeo Scappi kochte für die Mächtigen seiner Zeit. 1534 begann er seinen Dienst in der Küche des Vatikans und wurde Koch für sechs Päpste. Als „cuoco segreto", Geheimkoch, also persönlicher Koch des Papstes, wurde er am Ende seiner Karriere sogar geadelt.

Als einer der bedeutendsten Köche der Renaissance hat er jene Eigenschaften vereint, die vom italienischen Dichter Sperone Speroni damals gefordert wurden: Er sei Geometer beim Auswählen und Anrichten der runden, viereckigen, hellen und dunklen Stücke je nach Gericht und Platte. Er sei Mathematiker beim Zählen seiner Schüsseln und Töpfe, Maler beim Durchfärben seiner Braten, Soßen und Tunken, Arzt dank seiner Kenntnisse vom Leicht- und Schwerverdaulichen, auf dass die Speisen in der richtigen Reihenfolge auf den Tisch kommen, und Chirurgus, der gut tranchieren kann. Philosoph sei er im Wissen um die Natur der Speisen, der Jahreszeiten, der mehr oder weniger starken Feuerelemente.

Anlässlich des Rombesuches Kaiser Karls V. gestaltete Bartolomeo Scappi ein Festbankett mit gigantischen Ausmaßen. 789 Gerichte wurden in 13 Gängen aufgetragen. Eine besondere Herausforderung war auch die Küche für das Konklave 1549/50, das über zwei Monate andauerte. Böse Zungen behaupteten bald, dass die Kardinäle wegen der täglich bereiteten Köstlichkeiten so lange für eine Entscheidung gebraucht hätten, um nur nicht heimreisen zu müssen. Vor dem Servieren wurden die Speisen für das Konklave penibel auf geheime Botschaften untersucht und gedeckte Pasteten waren aus Sicherheitsgründen überhaupt verboten.

Sein Wissen hat Bartolomeo Scappi in seinem 1570 erschienenen Kochbuch „Opera" zusammengefasst, in dem etwa 1000 Rezepte enthalten sind. Als Standardwerk erlebte es im 16. und 17. Jahrhundert insgesamt neun Auflagen. Auch die Weinschaumcreme Zabaione, heute eine der bekanntesten Nachspeisen der italienischen Küche, verdanken wir Scappis Kreativität.

Zabaione

4 Eidotter
40 g Zucker
1 TL Vanillezucker
100 ml Marsala

Die Eidotter mit Zucker und Vanillezucker in einer Schüssel mit dem Mixer über Wasserdampf dick schaumig schlagen. Den Marsala in dünnem Strahl einlaufen lassen. Weiterschlagen, bis eine homogene Masse entsteht. Jetzt die Masse auf Eis kalt schlagen. In Gläser füllen und mit Früchten der Saison garniert servieren.

125

Haile Selassie
Kaiser von Äthiopien (1892–1975)

**Österreichischer Apfelstrudel
für den äthiopischen Regenten**

„Neguse Negest" – „König der Könige" war einer der Ehrentitel Haile Selassies, des letzten Kaisers von Äthiopien. Er entstammte einer der ältesten Dynastien der Welt, die ihren Ursprung auf den biblischen König Salomo und die Königin von Saba zurückführt. Von der Glaubensbewegung der Rastafari wird Haile Selassie sogar als der wiedergekehrte Messias verehrt.

Haile Selassie kämpfte im Abessinienkrieg gegen die italienischen Faschisten. Im Ausland genoss er hohes Ansehen und wurde 1963 als anerkannte Integrationsfigur entscheidender Wegbereiter und Gründer der Organisation für die Afrikanische Einheit. Nach einem Militärputsch musste Kaiser Haile Selassie 1974 abdanken und starb knapp ein Jahr später unter der kommunistischen Herrschaft gewaltsam im Gefängnis.

Für die zuckerkranke Ehefrau Haile Selassies, Kaiserin Woizero Menen, suchte der äthiopische Hof 1960 in einem deutschen Fachmagazin nach einer erfahrenen Diätköchin.

Auf diese Anzeige hin bewarb sich die damals 46-jährige Österreicherin Lore Trenkler, die in einem deutschen Krankenhaus als Diätköchin arbeitete. Lore Trenkler trug schon immer die Sehnsucht nach fernen Ländern in sich und wollte nach Afrika auswandern, was aber der Ausbruch des Zweiten Weltkrieges verhinderte. Durch die Anstellung im Kaiserpalast in Addis Abeba bot sich nun endlich die Gelegenheit, das Fernweh zu stillen.

Nach dem frühen Tod der Kaiserin 1962 wurde Lore Trenkler zur persönlichen Köchin des Kaisers und Chefin der Palastküche. Sie begeisterte den Kaiser für die österreichische Küche und ihr Apfelstrudel wurde zu seinem Lieblingsgericht. Sie servierte auch den ausländischen Staatsgästen die für diese Weltgegend recht ungewöhnliche Nachspeise. Alle waren begeistert, zum Beispiel auch der jugoslawische Präsidenten Josip Broz Tito.

Lore Trenkler führte die Küche am kaiserlichen Hof bis zur erzwungenen Abdankung Haile Selassies. Auch während seiner Gefangenschaft versorgte sie ihn noch. Nach seinem gewaltsamen Tod verließ sie Äthiopien, ließ sich in Wien nieder und starb dort 2002.

Apfelstrudel

Teig:	Fülle:
250 g Mehl	120 g Semmelbrösel
40 g zerlassene	50 g brauner Zucker
Butter	30 g Butter
1 Ei	1½ kg blättrig
Salz	geschnittene,
etwas lauwarmes	geschälte Äpfel
Wasser	50 g Rosinen
	Zimt

Für den Teig die Zutaten mischen und so lange kneten, bis der Teig Blasen wirft. Zudecken und eine halbe Stunde rasten lassen. Für die Fülle die Brösel mit dem Zucker in Butter anrösten und überkühlen lassen. Den Strudelteig ausziehen, dann mit den Bröseln bestreuen, die Äpfel darüber verteilen, zuletzt die Rosinen und den Zimt. Auf ein befettetes Blech legen und eine Stunde bei 160 °C backen. Kurz vor Ende der Backzeit mit flüssiger Butter bepinseln.

Friedrich von Schiller

Deutscher Dichter (1759–1805)

Schinken für Dr. Schiller

Friedrich von Schiller ist einer der Großmeister der deutschen Sprache. Seine Dramen wie *Die Räuber*, *Kabale und Liebe* oder *Wilhelm Tell* gehören genauso wie etwa die Balladen *Die Bürgschaft* oder *Das Lied von der Glocke* heute noch zum Bildungskanon. Nach einer harten und erzwungenen Ausbildung zum Militärarzt in seiner Württemberger Heimat konnte er sich nur durch Desertion endlich der Dichtung zuwenden. Schiller nahm schließlich eine Professur in Jena an, heiratete und wurde mit Goethe, Wieland und Herder zum „Viergestirn" der Weimarer Klassik.

In seiner Jugend mochte Friedrich Schiller ganz besonders Schinken. Bei einem Stuttgarter Gastwirt kehrte er einige Monate lang abends ein. Auf der Abrechnung „über von Herrn Dr. Schiller Verzehrtes" findet sich täglich, neben der mäßigen Portion Landwein, Schinken. Schiller hatte nach seiner Fahnenflucht Gönner, die ihm kostenlos Quartier gaben und über die entbehrungsreiche Zeit halfen. So die Wirtsleute Hölzel in Mannheim, die ihn auch versorgten, etwa mit Schupfnudeln und Sauerkraut, Huhn, Forelle und Kirschkuchen. Noch als Professor in Jena erinnerte er sich

gerne an diese wohlschmeckenden Speisen. Er vergaß seine Förderer nie und unterstützte sie, nachdem er zu Vermögen gekommen war. Seit 1802 durfte sich der Dichterfürst Friedrich von Schiller nennen, da er das Adelsdiplom erhielt. Eine besondere Vorliebe hatte Schiller später für die Grümpelsuppe. Diese wird aus Schweinefleisch und Suppengemüse gekocht und als Einlage werden die Grümpel, eine Art Spätzle, hineingegeben. Er bezeichnete sie als „Schwiegermuttersuppe", weil die Mutter seiner Ehefrau Charlotte von Lengefeld diese gekocht hat und sie in ihrem Kochbuch zu finden ist.

Schiller ließ sich auch durch alkoholische Genüsse inspirieren. Im „Punschlied" setzte er diesem Getränk ein Denkmal: „Vier Elemente, innig gesellt, bilden das Leben, bauen die Welt." Der Punsch stammt ursprünglich aus Indien, wo er aus Zucker, Wasser, Gewürzen, Zitronensaft und Arrak, einem Branntwein aus Palmzuckersaft und Reis, hergestellt wurde. Der Name wurde dem Hindi-Wort „panc" entlehnt, welches „fünf" bedeutet und für die originale Anzahl der Grundzutaten steht. In der letzten Strophe des Punschliedes empfiehlt der Dichterfürst dringend, den Punsch heiß zu trinken: „Eh es verdüftet, schöpfet es schnell, nur wenn er glühet, labet der Quell."

Grümpelsuppe

1 kg Schweinefleisch (mit Knochen)	Das Schweinefleisch mit dem Suppengemüse in Suppe kochen, bis das Fleisch gar ist. Anschließend das Fleisch herausnehmen, vom Knochen lösen und klein würfeln. Die Würfel sowie ein Ei zurück in die Suppe geben und das Ei darin verquirlen. Für die Grümpel Mehl, die restlichen Eier, etwas Wasser und Salz in eine Schüssel geben und zu einem Teig kneten. Dann mit einem Teelöffel in kleinen Portionen in der Suppe kochen lassen. Wenn die Grümpel aufschwimmen, ist die Suppe servierbereit.
300 g Suppengemüse	
2 l Gemüsesuppe	
4 Eier	
300 g Mehl	
Salz	

Leo Slezak

Österreichischer Tenor und Schauspieler (1873–1946)

Tausche Bauch gegen Magen

Er hatte eine Jahrhundertstimme und begeisterte das Publikum in allen großen Opernhäusern der Welt. Seit 1901 war Leo Slezak ständiges Ensemblemitglied der Wiener Staatsoper, die ihn 1926 zum Ehrenmitglied ernannte. Später wurde er in einer zweiten Karriere ebenso erfolgreicher Filmschauspieler. Leo Slezak war mit einer großen Portion Humor gesegnet. Als ein Bühnenarbeiter im Schlussbild des „Lohengrin" den Schwan wegzog, bevor Slezak noch aufsteigen konnte, hat er einmal das Publikum gefragt: „Wann geht der nächste Schwan?"

Leo Slezak war in doppeltem Sinn ein großer Sänger. Einerseits in der Anerkennung für seine Darbietungen und andererseits mit seiner Körpergröße von 195 Zentimetern und 150 Kilogramm Gewicht. Er kämpfte ständig gegen seinen Appetit und soll einmal geseufzt haben: „Lieber Gott, gib mir einen zweiten Magen, da kannst du meinen Bauch dafür haben."

Als Rückzugsort kaufte er sich ein altes Bauernhaus im bayerischen Rottach am Tegernsee, das er wegen seiner Körperfülle mit vielen Schwierigkeiten umbauen ließ: „Wan aner a Göid hat, und ist recht saudumm, dann kauft er a old's Haus und baut's um." Auch wegen des herzhaften Essens mochte er die Gegend um den Tegernsee besonders: Schweinsbraten, Surfleisch mit Sauerkraut und Knödel oder Biersuppe und Brezenknödel. Leo Slezak war auch ein Liebhaber der Weißwurst. In seinen Memoiren schwelgt er: „Eine Weißwurst zu beschreiben, bin ich nicht imstande, weil die deutsche Sprache zu arm ist, um diese Fülle von Wonne erschöpfend zu schildern. Eine Weißwurst ist etwas Überirdisches." Auch die Gerichte mit Fischen aus dem Tegernsee mochte er sehr, zumal die Fischer seine Anwesenheit zum Baden sofort am Wasserstand des Sees bemerkten, wie Slezak einmal schrieb.

Um sein Gewicht einigermaßen unter Kontrolle zu halten, musste er bei seinen Aufenthalten am Tegernsee auch Fastenkuren einlegen. Darum nannte er in solchen Zeiten sein Bauernhaus auch „Hungerhof".

Aber oft feierte Leo Slezak ausgelassen mit Gästen oder traf sich mit seinen Freunden, den Schriftstellern Ludwig Thoma und Ludwig Ganghofer sowie dem Volksmusiker Kiem Pauli im Gasthaus „Zur Überfahrt" direkt am See. Dort trank er dann zu den Weißwürsten sehr gerne Bier. Auf die Frage eines Journalisten, was der Höhepunkt am Beruf des Opernsängers sei, antwortete er: „Das Schönste an der ganzen Opernsingerei ist der wunderbare Durst auf ein Glas Bier, den man danach bekommt."

Carl Spitzweg

Bayerischer Maler (1808–1885)

Bilder-Kochbuch für eine Hochzeit

Der arme Poet, *Der Bücherwurm* oder *Der Kaktusfreund* sind populäre Bilder von Carl Spitzweg, die das Lebensgefühl des Biedermeier wiedergeben. Er war äußerst produktiv und schuf über 1500 Bilder und Zeichnungen, die schon zu seinen Lebzeiten viele Abnehmer fanden. In München aufgewachsen, studierte er Pharmazie und lernte die Malerei als Autodidakt.

Carl Spitzweg unternahm ausgedehnte Reisen. Dabei entdeckte er die kulinarischen Besonderheiten seiner bayerischen Heimat und Europas. Mit Leidenschaft notierte er immer, was ihm besonders geschmeckt hatte. „Ein guter Tropfen, ein gediegenes Mahl sind immer wieder würdig, notiert zu werden."

Und während er im Gasthaus auf sein Essen wartete, zeichnete er gerne auf die Rückseite der Speisekarte kleine Landschaftsskizzen.

Für seine Nichte Caroline hat Carl Spitzweg einige Rezepte aus seiner reichen Sammlung zu einem Kochbuch zusammengestellt und ihr dieses zur Hochzeit geschenkt. Das „Kochbuch für Line" ist zumindest teilweise erhalten und wurde vor einigen Jahrzehnten in einem Nachlass gefunden und veröffentlicht. Zumindest genauso wichtig wie das Rezept sind die Zeichnungen und Bilderrätsel dazu. Für das „Roß-Bif" hat Carl Spitzweg ein Pferd mit einem Rind gekreuzt. Ein „S", eine Wanduhr und das Wort Fleisch ergeben schließlich „Suhrfleisch". Verlorene Eier nennt Spitzweg „Eingeschlagene Eier", denn wenn sie verloren wären, wären sie nicht mehr da. Beim Rezept für die „Einlauf-Suppe" gibt er den zweideutigen Ratschlag, dass man sich vor dem Dickwerden in Acht nehmen soll.

Carl Spitzweg verwendete für seine Mengenangaben in den Rezepten noch das alte „Lot", das erst um 1870 von der metrischen Maßeinheit Gramm abgelöst wurde. Ein Lot entsprach in Bayern 17,6 Gramm und wurde in 4 Quentchen unterteilt.

In seinen Jugendjahren soll Carl Spitzweg besonders gerne Flusskrebssalat gegessen haben. Was heute sehr exklusiv klingt, war damals ein ganz gewöhnliches und günstiges Essen. In den Flüssen gab es Edelkrebse in enormen Mengen und sie wurden in jedem Haushalt gegessen. Knechte und Mägde ließen es sich sogar schriftlich festhalten, dass es nur beschränkt Krebsmahlzeiten geben durfte. Durch das Aussetzen von amerikanischen Signalkrebsen in Europa kam es zur Ausbreitung der für den Edelkrebs tödlichen Krebspest, einer Pilzerkrankung, die ihn bis heute fast verschwinden ließ.

Flusskrebssalat

200 g Flusskrebsfleisch
1 Apfel
Saft ½ Zitrone
1 EL Mayonnaise
100 g Joghurt
½ Bund Dill
Salz, Pfeffer

Joghurt mit Mayonnaise und fein gehacktem Dill mischen und mit Salz und Pfeffer pikant abschmecken. Den Apfel schälen und in Würfel schneiden. Mit Zitronensaft beträufeln, damit er nicht braun wird. Das Flusskrebsfleisch und den Apfel mit der Joghurtsoße mischen und einige Stunden kalt stellen.

Adalbert Stifter
Österreichischer Schriftsteller (1805–1868)

Verzicht und Unbeherrschtheit

Geboren in einfachen Verhältnissen in Oberplan im Böhmerwald, einem Ort der heute in Tschechien liegt, besuchte Adalbert Stifter das Stiftsgymnasium Kremsmünster. Er wurde angesehener Hauslehrer und unterrichtete einen Sohn des Fürsten Metternich in Mathematik und Physik, bevor er zum Schulinspektor in Linz aufstieg. Adalbert Stifter zählt mit seinen Werken wie dem historischen Roman *Witiko* oder den Erzählungen *Bunte Steine* zu den bedeutendsten Autoren des Biedermeier.

Im Gegensatz zu den von ihm geschaffenen literarischen Figuren, die ein karges und von Verzicht und Entbehrung gekennzeichnetes Leben führen, hatte ihr Autor in seinen letzten Lebensjahrzehnten eher exzessive Speise- und Trinkgewohnheiten.

Durchschnittlich soll er sechs Mal pro Tag gegessen haben. Zu Mittag und auch am Abend sollen meist drei Gänge auf den Tisch gekommen sein. Diese Unbeherrschtheit beim Essen und auch beim Alkoholkonsum führte schließlich zu einem hohen Übergewicht und gesundheitlichen Problemen. Aus einem seiner Briefe ist überliefert, dass Stifters persönlicher Jahresbedarf an Wein allein etwa 600 Liter betrug. Stifter konnte zu Mittag sechs Forellen verspeisen oder zu Suppe, Rindfleisch und Spargel auch noch ein Haselhuhn essen. Seine üppigen Mahlzeiten notierte er nach dem Gasthausbesuch akribisch in seinen Tagebüchern. Vom würzigen Fleischextrakt bis hin zu den süßen mit Powidl gefüllten Buchteln hat er seine Lieblingsgerichte bis ins Detail aufgezählt.

Besonders schätzte Adalbert Stifter die Frankfurter Würstel, die in seinem Geburtsjahr 1805 von Johann Georg Lahner erfunden worden waren. Dieser Metzgerbursch hatte im Frankfurter „Worschtquardier" das Fleischerhandwerk erlernt, bevor er auf seiner Wanderschaft nach Wien kam, wo er sich schließlich niederließ und am Schottenfeld, der heutigen Neustiftgasse 112, seine eigene Fleischhauerei eröffnete. Lahner wurde nach seiner Heimatstadt von den Wienern bald „Frankfurter" genannt, die diese Bezeichnung auch auf seine Kreation, die „Frankfurter Würstel", ausdehnten. In Frankfurt heißen die Würstel übrigens Wiener. Sie waren damals eine besondere Delikatesse, die nicht überall zu bekommen war. Daher ließ sich der Genussmensch Adalbert Stifter diese regelmäßig mit der Pferdepost schicken.

Richard Strauss

Deutscher Komponist und Dirigent (1864–1949)

Intermezzo für eine Hagebuttenmarmelade

Mit seinen Opern *Der Rosenkavalier*, *Salome* und *Elektra* wurde Richard Strauss weltberühmt. Er stammte aus einem sehr musikalischen Haus und begann schon als Kind zu komponieren. Insgesamt schrieb Richard Strauss über 250 musikalische Werke und war außerdem einer der führenden Dirigenten seiner Zeit. Richard Strauss war ein Mitbegründer der Salzburger Festspiele und einige Jahre auch deren Präsident. Er war über 50 Jahre mit Pauline de Ahna, einer erfolgreichen bayerischen Sopranistin, verheiratet. Sie umsorgte den besessenen Vielarbeiter und brachte Ordnung und Regelmäßigkeit in sein Leben. Sie achtete auf seine täglichen Spaziergänge, sein Nachmittagsschläfchen, regelmäßige Mahlzeiten und die Auswahl seiner Lieblingsgerichte. Die begeisterte Köchin hat ein handgeschriebenes Kochbuch hinterlassen, in dem auch die Leibgerichte von Richard Strauss verzeichnet sind. Dieser notierte bei seinen Reisen rund um die Welt Rezepte von Speisen, die ihm zusagten, und schickte sie dann seiner Frau mit einer Postkarte nach Hause. Langwierige Bankette waren ihm aber verhasst: „Ich verhungere bei Lunch und Diner."

Richard Strauss aß nicht übermäßig, doch wusste er eine feine Speisenfolge sehr zu schätzen: „Wer ein richtiger Musiker sein will, der muss auch eine Speisekarte komponieren können." Besonders mochte er Hausmannskost wie etwa Steinpilze mit Knödeln, Nierenbraten, Lebernockerl-Suppe oder Rindfleisch mit „G'schlader", also einem ordentlichen Fettrand.

Außerdem schätzte Richard Strauss neben Zigaretten und Skat das Bier, entstammte doch seine Mutter Josepha der Münchner Bierbrauerfamilie Pschorr. So ist es nicht verwunderlich, dass er seine Verbundenheit mit dem Bayreuther Kurorchester durch eine Bierlieferung ausdrückte.

Auch Süßes mochte Richard Strauss sehr: Vanillekekse, Punschtorte und vor allem Hagebuttenmarmelade. Seine süße Leidenschaft kommt wohl als einzige Marmelade in einer Oper vor. In der stark autobiografischen Komödie *Intermezzo*, zu der Richard Strauss selbst das Libretto verfasste, lässt er seine Frau Pauline, die in diesem Stück Christine heißt, sagen: „Wann bekomme ich nun endlich das Hagebuttenmark … natürlich zum Einmachen, die einzige Marmelade, die mein Mann gerne isst … wissen Sie, wo er doch so angestrengt arbeitet, wenn er seine Hagebutten nicht hat, ist er unglücklich."

Hagebuttenmarmelade

1 kg Hagebuttenmark
500–600 g Gelierzucker

Nach dem ersten Frost gepflückte Hagebutten aufschneiden, Kerne und Haare entfernen. Die Früchte waschen und in wenig Wasser weich kochen. Durch ein Sieb passieren, das Mark abwiegen und mit dem Gelierzucker einkochen. Noch heiß in Gläser füllen und verschließen.

Franz Josef Strauß

Bayerischer Ministerpräsident (1915–1988)

„Für mich ist Essen ein Stück Kultur."

Niemand hat den Freistaat Bayern so verkörpert wie Franz Josef Strauß. Er war 27 Jahre lang Vorsitzender der CSU, 30 Jahre lang Abgeordneter zum deutschen Bundestag und Bundesminister in verschiedenen Kabinetten. In den letzten zehn Jahren seines Lebens übernahm er das Amt des bayerischen Ministerpräsidenten, das er selbst als das „schönste Amt der Welt" bezeichnete. Franz Josef Strauß konnte Altphilologie und Geschichte studieren, da er 1935 das seit 25 Jahren beste Abitur Bayerns schrieb und so ein Stipendium für Hochbegabte in der Stiftung Maximilianeum erhielt.

Der Vater von Franz Josef Strauß führte im Münchner Stadtteil Schwabing eine Metzgerei und im elterlichen Haushalt gab es wohl häufig Kronfleisch. So wird die zu den Innereien zählende grobfaserige und eher trockene Zwerchfellmuskulatur bezeichnet. In der für München typischen Küche wird Kronfleisch gerne als Zwischenmahlzeit mit Kren, Senf und Essiggurken genossen. In einem seiner vielen Interviews hat der mit einem außergewöhnlichen rhetorischen Talent ausgestattete Franz Josef Strauß verraten, dass dieses zu seinen Leibgerichten zählt.

Er war mit Marianne Zwicknagl verheiratet, die aus einer Brauereifamilie im oberbayerischen Rott am Inn stammte. Sie hat erzählt, dass zu seinen beliebtesten Naschereien Feigenmakronen gehörten.

Makronen sind ein aus Frankreich stammendes Gebäck, das aus zwei aufeinander gesetzten Mandelbaisers besteht, dazwischen eine Creme. Dieses Gebäck hat eine lange Tradition und soll schon vor Jahrhunderten in Venedig kreiert worden sein. Die spätere französische Königin Katharina von Medici brachte sie aus Italien mit und führte sie im französischen Hof ein.

Sonst bevorzugte Franz Josef Strauß, dessen Neigung zu Essen und Trinken für jeden erkennbar war, bodenständige Kost. So wird berichtet, dass er bei seinen Besuchen im Hofbräuhaus gerne Leberkäs und dabei am liebsten den Anschnitt gehabt hat. Wenn er auf das Oktoberfest kam, aß er ein bayerisches Bauernhendl, aber nicht vom Grill, sondern aus dem Rohr, weil es ihm so besser schmeckte. Vorher gab es noch einen geschnittenen Radi und eine Breze. Dieses Mahl genoss Franz Josef Strauß in einem der Festzelte auch kurz vor seinem Tod, bevor er direkt von dort mit einem Hubschrauber nach Regensburg flog und dort zusammenbrach.

Feigenmakronen

4 Eiweiß
250 g Staubzucker
1 Pkg. Vanillezucker
250 g geschälte und gehackte Mandeln
250 g gewürfelte getrocknete Feigen
200 g Rosinen
100 g Korinthen
Oblaten

Das Eiweiß schaumig schlagen und nach und nach Staubzucker und Vanillezucker dazugeben. Alle übrigen Zutaten vorsichtig unter die Eiweiß-Zucker-Masse heben. Mit einem Spritzsack mit glatter Tülle kleine Makronen auf die Oblaten setzen. Bei 150 °C 20–25 Minuten backen. Zwei fertige Makronen mit beliebiger Marmelade oder Creme füllen und zusammensetzen.

Maria Theresia

Kaiserin von Österreich (1717–1780)

Kaiserliches Restlessen

Als Erzherzogin von Österreich und Königin von Ungarn und Böhmen regierte sie 40 Jahre lang die Habsburgermonarchie. 1745 setzte sie die Wahl ihres Gatten Franz Stephan von Lothringen zum römisch-deutschen Kaiser durch. Obwohl selbst nicht gekrönt, wurde sie immer als Kaiserin tituliert. Mit ihrem Mann hatte sie 16 Kinder, wurde Symbol für Mütterlichkeit verbunden mit Tatkraft und eine der berühmtesten Habsburgerinnen.

Maria Theresia litt schon in mittleren Jahren an starkem Übergewicht. Sie aß oft unmäßig und soll die Mahlzeiten rasch hinuntergeschlungen haben. Ihr Leibarzt Gerard van Swieten war darüber sehr besorgt und versuchte, die Kaiserin mit einer radikalen Demonstration von ihren falschen Essgewohnheiten zu überzeugen. Bei einem Mahl ließ er alle angebotenen Speisen in einen Kübel werfen, schüttete Bier, Wein, Kaffee und Likör darüber und zeigte dieses unappetitliche Gemisch der Kaiserin: „So sieht es jetzt in Eurem Magen aus, Majestät!" Danach soll sie sich merkbar gemäßigt haben.

Maria Theresia soll Mehlspeisen sehr zugetan gewesen sein. So wies sie etwa an, dass mindestens ein Mal pro Woche Germknödel auf den kaiserlichen Tisch zu kommen hätten. Der Strudel soll durch sie erst salonfähig geworden sein und sie schwärmte für Marillenknödel.

Für die Versorgung des gesamten Wiener Hofes wurden riesige Mengen an Lebensmitteln benötigt. Maria Theresia ordnete an, dass die Reste nicht weggeworfen werden durften, sondern billig abzugeben waren. Als erste erhielt dieses Verwertungsprivileg die Wirtin des Gasthauses „Zum goldenen Schiff" am Spittelberg. Wegen ihrer sehr günstigen, aber ausgezeichneten Restlessen, bekam Wirtin Barbara Roman den Beinamen „Schmauswaberl". Nach diesem Vorbild wurden mehrere ähnliche Lokale gegründet, wobei sich das bekannteste in der heutigen Bäckergasse 16 nahe der Universität befand, das von den immer hungrigen Studenten bevölkert wurde. Auch Spitäler und Bettler wurden auf diese Weise versorgt.

Die Kaiserin erlaubte kleinen Landwirten das Brennen von Alkohol:

„Rechtschaffenden, fleißigen und ordentlichen Bauern" wurde das Recht erteilt, bis zu 300 Liter Alkohol zu erzeugen und dafür Obst aus ganz Österreich zu kaufen. Das Maria-Theresia-Brennrecht ist auch heute noch gültig, an den Hof gebunden und kann auch nur mit diesem weitergegeben werden.

Marillenknödel

250 g Topfen
1 Ei
8 EL Brösel
1 Prise Salz
9 kleine Marillen
9 Stück Würfelzucker
Brösel und Butter zum Rollen

Topfen, Ei, Salz und die Brösel zu einem Topfenteig verarbeiten und diesen etwa eine halbe Stunde kalt stellen. Die Marillen entkernen, den Würfelzucker in die Marillen füllen. Den Teig portionieren, mit den Marillen füllen und Knödel formen. In reichlich Salzwasser etwa 20 Minuten kochen, bis die Knödel an der Oberfläche schwimmen. Brösel in Butter etwas anrösten, dann Marillenknödel vor dem Servieren darin rollen.

Am liebsten im Kaffeehaus

„Kaffeehaus", „Satire" und „Tante Jolesch" sind wohl jene Worte, die einem sofort in den Sinn kommen, wenn der Name Friedrich Torberg fällt. Er wurde als Friedrich Ephraim Kantor in Wien geboren, wandte sich bald der Literatur zu und konnte schon mit 22 Jahren mit dem Roman *Der Schüler Gerber hat absolviert* einen großen Erfolg feiern. Als „Weltbürger ohne Heimat" pendelte Friedrich Torberg, wie er sich nun nannte, zwischen Wien und Prag. 1938 flüchtete er über die Schweiz schließlich in die USA, kehrte aber 1951 wieder nach Wien zurück.

Er schrieb am liebsten im Kaffeehaus. Und nicht nur das. Er wohnte eigentlich auch dort. In seinem *Traktat über das Wiener Kaffeehaus* beschreibt er das Leben der Kaffeehausliteraten, die dort ihre Korrespondenz erledigten, empfingen, diskutierten und kritisierten.

Er war Stammgast im Café Herrenhof, einem bedeutenden Literatencafé der Zwischenkriegszeit, das sich im 1. Bezirk in der Herrengasse 10 befand. Dort wurde zwischen Kapuziner, Melange, Schale Braun oder der Schale Gold unterschieden. Zwischen Mokka, Einspänner, Fiaker, Mazagran, Franziskaner, Maria Theresia, Kaffee verkehrt oder einem Türki-schen. Auch die Mengenangaben hat Friedrich Torberg einmal definiert, von der Nuss, die der Größe einer Mokkaschale entspricht, über Piccolo bis zur „obersten" Einheit, einer Teeschale. Wenn sie tatsächlich Tee enthält, heißt sie dann nicht „Teeschale", sondern „eine Schale Tee". Friedrich Torberg meinte, dass im Kaffeehaus einfach „einen Kaffee" zu bestellen, ähnliches Befremden auslöse, wie einer, der in einem Büro der Cunard Linie den Wunsch äußere: „Ein Schiff".

Friedrich Torberg besuchte gerne das „Mekka der Rindfleischesser". Gemeint war damit das bekannteste Rindfleischrestaurant im kaiserlichen Wien, das sich im zweiten Stock des noblen Hotels Meissl & Schadn am Neuen Markt befand. Es wurden bis zu 22 „Besonderheiten vom Rind" angeboten, nachdem durch einen Gemeinderatsbeschluss im Jahr 1873 eine neue Qualifikationstabelle für Ochsenfleisch festgelegt worden war. Das Lokal erlangte auch dadurch Berühmtheit, dass am 21. Oktober 1916 der Sozialist Friedrich Adler den kaiserlichen Ministerpräsident Graf Stürgkh erschoss, der als Stammgast häufig hier gespeist hatte.

Torberg aß für sein Leben gern, je besser, desto lieber. Auf seinem Grabstein wünschte er sich die Inschrift eingraviert: „Essen war seine Lieblingsspeise".

Henri de Toulouse-Lautrec

Französischer Maler und Grafiker (1864–1901)

Erfinder exzentrischer Mahlzeiten

Henri de Toulouse-Lautrec wurde im südfranzösischen Albi als Spross eines alten Adelsgeschlechts geboren. Sein Zeichentalent wurde bereits früh gefördert. Er wurde zum einzigartigen Chronisten des Pariser Nachtlebens, da er in diesem Milieu exzessiv und selbstzerstörend lebte. Die Lithografie „Moulin Rouge" machte ihn über Nacht berühmt.

Der große Grafiker war auch ein Künstler des Kochens, wobei seine exzentrischen Tafelfreuden auf dem Montmartre für anhaltenden Gesprächsstoff sorgten. Schon die Einladungsschreiben waren ausgefallen: „Samstag essen wir bei mir, wenn es Ihnen recht ist. Tragen Sie einen weißen Smoking und malen sie sich das Gesicht an – wenn möglich. Ihr HTLautrec." Seine fantasievollen Menüs und Lieblingsgerichte bereitete er nur für gute Freunde zu, kochte aber auch in den Etablissements für die dort arbeitenden Damen. Toulouse-Lautrecs kulinarische Tipps sind zuweilen skurril und waren sicher nicht immer ernst gemeint: „Ein altes Huhn bekommt man weich, indem man es so lange über das Feld hetzt, bis es vor Müdigkeit umfällt. Dann ist es zart genug für die Pfanne." Er versuchte, seine Gäste zu überraschen oder zu schockieren, wenn er den Gästen vorgaukelte, das servierte Fleisch stamme von Affen.

Bei alkoholischen Getränken, die er in einem sehr großen Ausmaß genoss, bevorzugte Toulouse-Lautrec Portwein, Wermut und Gin, wobei er stets eine Muskatnuss und eine Reibe bei sich hatte, um den Portwein zu parfümieren. Auch dem Absinth sprach er zu. Das damals sehr populäre, auch „Grüne Fee" genannte Getränk, konnte durch den Gehalt an Thujon zu Halluzinationen und Wahnvorstellungen führen. Sehr gerne mixte Toulouse-Lautrec auch exotische Cocktails, deren Rezepte er sammelte. Henri de Toulouse-Lautrec bezeichnete sich selbst als „gefräßig wie eine Prälaten-Katze". Ähnlich wie bei seiner Malerei hatte er beim Kochen Freude am Spiel mit Farben, Gewürzen und exotischen Geschmacksrichtungen. Seine Lieblingsrezepte trug er sporadisch in ein Notizbuch ein, wie etwa Fischsuppe. Nach Toulouse-Lautrecs Tod gab sein Jugendfreund diese Rezepte heraus.

Fischsuppe

1 kg Meeresfische
2 große Zwiebeln
4 EL Olivenöl
2 Knoblauchzehen
1 Lorbeerblatt
Thymian, Rosmarin
250 ml trockener Weißwein
1 kleine Fenchelknolle
500 g Tomaten
Safran, Salz, Pfeffer
1 Schuss Kognak

Die Tomaten überbrühen, häuten und vierteln, die Zwiebeln schälen und fein würfeln, den Knoblauch schälen und hacken, den Fenchel putzen und fein würfeln. Das Öl in einem großen Topf erhitzen, Knoblauch, Zwiebeln, Tomaten, Fenchel, Rosmarin, Thymian und Lorbeerblatt darin andünsten. Das Ganze mit Wein ablöschen und aufkochen lassen. Eineinhalb Liter Wasser und die grob zerkleinerten Fische dazugeben und auf kleiner Flamme eine halbe Stunde köcheln lassen.

Die Suppe durch ein Sieb streichen, noch einmal aufkochen lassen und mit Salz, Pfeffer und Safran abschmecken. Zum Schluss Kognak zur Abrundung hineingeben. Mit Roséwein und Baguette servieren.

Giuseppe Verdi
Italienischer Komponist (1813–1901)

Komponieren, kochen und bewirten

Was wäre die Welt der Oper ohne die Werke Giuseppe Verdis? *Aida*, *Rigoletto*, *Der Troubadour*, *La Traviata* oder *Nabucco* zählen weltweit zu den beliebtesten Opern. Seiner Heimatstadt Busseto, nur wenige Kilometer südlich des Po in der Emilia-Romagna, blieb Giuseppe Verdi ein Leben lang treu. Er ließ sich in der Nähe seine Villa Sant'Agata erbauen und lebte auf diesem großen Landgut mit seiner Frau, der Sopranistin Giuseppina Strepponi, viele Jahrzehnte.

Auch zog Giuseppe Verdi die Speisen und Produkte seiner Heimat immer allen anderen vor. Bei Aufenthalten in der Ferne ließ er sich Lebensmittel von zu Hause nachsenden, zum Beispiel Parmaschinken, Salami, Parmesan oder Polentagries. Verdi war ein geradezu besessener Briefeschreiber, der sich in diesen auch mit dem Verwalter seines Landguts über landwirtschaftliche Fragen wie Saatgutauswahl, Weinbau oder Hühnerzucht austauschte. Er bekannte sich zum Landleben und legte großen Wert auf Lebensmittel aus eigener Produktion. Daher investierte er viel Geld in die Modernisierung der Landwirtschaft auf seinem Landgut.

Giuseppe Verdi soll ein maßvoller Genießer gewesen sein, dem es weniger um die Menge, als vielmehr um die Qualität des Essens ging. Bekannt ist, dass er sehr gerne Risotto gegessen und auch gekocht hat. Eine Karikatur bildete ihn sogar einmal in der Küche mit einem Kochtopf in der Hand ab, wie er Risotto rührt. In einem Brief teilte er sein persönliches Risottorezept mit Safran nach Mailänder Art mit dem Intendanten der Pariser Oper, da ihn dieser ausdrücklich darum gebeten hatte.

Mindestens genauso gerne wie Risotto hatte Verdi „Spalla cotta", gekochte Schweineschulter, die in dicke Scheiben geschnitten mit Röstkartoffeln, gedünstetem Fenchel und anderen Gemüsen serviert wird. Damit bewirteten er und seine Frau des Öfteren ihre Gäste in der Villa Sant'Agata, wobei sie immer als hervorragende Gastgeber beschrieben wurden, die das Essen zelebrierten. Alles, was die Region Emilia-Romagna an kulinarischen Spezialitäten zu bieten hatte, wurde aufgetischt.

In Verdis Briefen finden sich auch Berichte über andere Speisen, mit denen die Gäste oft über Tage bewirtet wurden: selbstgemachte Gnocchi, Tortelli di erbetta oder Tortelli di zucca, also Teigtaschen mit Kräutern oder Kürbisfüllung, Truthahnbraten, Fasane, Wachteln und Schweinskopfsülze.

Philippine Welser

Herrin auf Schloss Ambras (1527–1580)

„Vor allen Dingen den Zucker nit sparen!"

Der Kaisersohn Erzherzog Ferdinand II. von Habsburg heiratete in einer nicht standesgemäßen Ehe 1557 in aller Heimlichkeit die bürgerliche Philippine Welser, Tochter eines reichen Augsburger Kaufmanns und Patriziers. Von deren Eheschließung erfuhr das Volk erst 21 Jahre später, lange nachdem Ferdinand Landesfürst von Tirol geworden war. Die Sommermonate verbrachte das Paar auf Schloss Ambras in Innsbruck, das Philippine von ihrem Gatten geschenkt worden war.

Philippine Welser war gebildet und von außergewöhnlicher Schönheit. Ihr Teint soll so weiß gewesen sein, dass der Rotwein in ihrem Hals durchschimmerte, wenn sie trank. Sie hatte zwei Leidenschaften, die Heilkunst und das Kochen. Diese Interessen kann man noch heute in zwei Büchern nachlesen, die ihr zugeschrieben werden. Das Kochbuch *De re coquinaria* und ein Arzneibuch mit vielen Rezepten aus Heilkräutern. In ihrem Schloss Ambras ließ sie auch einen Kräutergarten anlegen, um die Ernte in der Küche zu verwenden und daraus Arzneimittel zu mischen. Das Kochbuch umfasst auf 136 Blättern 651 Rezepte, die von Torten bis Fastenspeisen thematisch zusammengefasst sind. Es dürfte von ihrer Mutter in Auftrag gegeben worden sein, doch hat Philippine Welser jedenfalls Ergänzungen vorgenommen.

Auffallend ist die Empfehlung, keinesfalls mit Zucker zu sparen, damals ein absolutes Luxusgut. Sehr süß war auch das Schmalzgebäck mit dem anrüchigen Namen „Nonnenfürzle". Die Bezeichnung leitet sich aber vom mittelniederdeutschen Wort „nunnekenfurt" her, was so viel heißt wie „von den Nonnen am besten zubereitet". Im Kochbuch der Philippine Welser heißen sie „nunen firtzlach".

In dem Buch enthalten sind außerdem „Hasenöhrl", die ihren Namen wohl aufgrund ihrer Ähnlichkeit mit den Löffeln eines Hasen bekommen haben. Es gibt auch Rezepte, die dem heutigen Geschmack nicht mehr so entsprechen dürften, wie etwa die gesüßte Fischtorte.

Kochbücher waren damals keine starre Nachkochanleitung, sondern eine Anregung für die Küche. Daher waren Mengenangaben nicht üblich, der persönliche Geschmack entschied: „Gwirtz wol nach deim Gefallen!" Kochbücher wurden lange nur von Männern verfasst. Das erste Kochbuch, das von einer Frau geschrieben wurde, ist jenes der Philippine Welser.

Nonnenfürzle

Zutaten	Zubereitung
500 ml Wasser 100 g Butter 300 g Mehl 2 TL Backpulver 1 Prise Salz 6 Eier Staubzucker Öl zum Herausbacken	Wasser und Butter zum Kochen bringen, salzen, den Topf vom Herd nehmen, Backpulver und Mehl mischen und mit einem Kochlöffel einrühren, bis sich der Teig vom Boden des Topfes löst. Den Teig überkühlen lassen. Eier nach und nach hineinschlagen und unterrühren. Öl in einem Topf erhitzen, mit einem angefeuchteten Esslöffel Teig abstechen und ins heiße Öl geben. Öfter wenden, bei schöner Bräune herausnehmen und zum Abtropfen auf ein Papiertuch legen. Mit Staubzucker bestreuen. Gegebenenfalls mit Marmelade oder Schlagobers füllen.

Ludwig II. von Wittelsbach

König von Bayern (1845–1886)

Speisen mit unsichtbaren Gästen

Nach dem plötzlichen Tod seines Vaters Maximilian wurde Ludwig im Alter von 18 Jahren zum König von Bayern ausgerufen. Er interessierte sich weniger für Politik als für die schönen Künste. Insbesondere den Komponisten Richard Wagner verehrte und förderte er. Ludwig II. setzte sich mit Neuschwanstein, Herrenchiemsee und Linderhof Denkmäler. Bereits zu seiner Lebenszeit bildeten sich Mythen um ihn. Seiner Erzieherin schrieb er einst: „Ein ewig Rätsel will ich bleiben mir und anderen." Auch seine Essgewohnheiten waren rätselhaft und „extravagant". Es kam vor, dass der König für viele Gäste die Tafel decken ließ, um dann doch alleine zu speisen. Seine Diener beobachteten den König, wie er sich mit unsichtbaren Gästen unterhielt, die dem Hof des französischen Königs Ludwig XIV. angehörten. Meist ging es dabei um das Schloss von Versailles. Diese „Gespräche" dauerten lange und es gab niemanden, der sie zu unterbrechen wagte. Es wurden sogar Tischkärtchen aufgestellt mit den Namen von Künstlern, Architekten und Militärs des französischen Hofes.

Um 1875 wechselte der König seinen Tagesrhythmus, er war nachts wach und schlief am Tag. Er frühstückte etwa um 6 Uhr abends, und das Mittagessen wurde um eins oder zwei in der Nacht serviert. Bei Sonnenaufgang aß Ludwig zu Abend und ging anschließend zu Bett.

Auf Schloss Neuschwanstein wurde eine äußerst moderne Küche eingebaut. Über die kulinarischen Vorlieben König Ludwigs berichtet Theodor Hierneis. Seine Erinnerungen wurden auch als Dokumentar- und Spielfilm mit Walter Sedlmayr produziert. Hierneis war in den letzten Jahren des Königs in seiner Küche als „Hofkücheneleve", also als Küchenjunge, beschäftigt. Er verehrte König Ludwig sehr und war ihm treu ergeben. Nach dessen rätselhaftem Tod im Wasser des Starnberger Sees trat er in die Dienste des Prinzregenten Luitpold.

König Ludwig aß sehr gerne Suppen und Consommés, die mit Reis, Nudeln oder Klößen serviert wurden. Er bevorzugte weiche Speisen, da er unter Zahnproblemen litt. Er mochte Fischgerichte, vor allem „Hechtenkraut". Dieses Gericht wird auch heute noch in bayerischen Gasthäusern angeboten, die damit an den „Märchenkönig" erinnern.

Hechtenkraut

500 g mildes Sauerkraut
1 kg faschiertes Hechtfilet
2 große Zwiebeln
2 TL Zucker
Petersilie
Salz, Pfeffer, Muskatnuss
2 Eier
100 ml Weißwein
Kren, Schlagobers

Das Sauerkraut mit Zwiebeln, Zucker und etwas Wasser 20 Minuten bei schwacher Hitze kochen. Das faschierte Hechtfleisch mit gehackter Petersilie und 2 Eiklar vermischen und mit Salz, Pfeffer und Muskatnuss würzen. Eine feuerfeste Form ausbuttern, 2 cm Sauerkraut einfüllen, die Hechtfarce darauf verteilen und mit Sauerkraut bedecken. Das Hechtenkraut etwa 20 Minuten bei 180 °C goldgelb backen. In einer Pfanne Schlagobers mit den Eidottern und dem Weißwein schaumig rühren. Zuletzt den Kren untermischen und als Soße zum Hechtenkraut servieren.